L'INDUSTRIE SUCRIÈRE

DE

L'ARRONDISSEMENT DE VALENCIENNES

A

L'EXPOSITION UNIVERSELLE

DE 1867.

RAPPORT

Dressé par ordre du Comité des Fabricants de Sucre des arrondissements
de Valenciennes et d'Avesnes,

SUIVI

DE NOTES SUR LA FABRICATION DU SUCRE DANS L'ARRONDISSEMENT
D'AVESNES, ETC., ETC.

Par J.-B. MARIAGE, SECRÉTAIRE.

VALENCIENNES

BUREAUX DU JOURNAL LA SUCRERIE INDIGÈNE, RUE DE FAMARS, 94,

ET CHEZ LEMAITRE, LIBRAIRE, RUE DU QUESNOY, 14 ET 16.

1867

L'INDUSTRIE SUCRIÈRE

DE

L'ARRONDISSEMENT DE VALENCIENNES

A

L'EXPOSITION UNIVERSELLE

DE 1867.

VALENCIENNES

IMPRIMERIE DE LOUIS HENRY, MARCHÉ-AUX-POISSONS, 2.

L'INDUSTRIE SUCRIÈRE

DE

L'ARRONDISSEMENT DE VALENCIENNES

A

L'EXPOSITION UNIVERSELLE

DE 1867.

RAPPORT

Dressé par ordre du Comité des Fabricants de Sucre des arrondissements de Valenciennes et d'Avesnes,

SUIVI

DE NOTES SUR LA FABRICATION DU SUCRE DANS L'ARRONDISSEMENT D'AVESNES, ETC., ETC.

Par J.-B. MARIAGE, SECRÉTAIRE.

VALENCIENNES

BUREAUX DU JOURNAL LA SUCRERIE INDIGÈNE, RUE DE FAMARS, 94,

ET CHEZ LEMAITRE, LIBRAIRE, RUE DU QUESNOY, 14 ET 16.

1867

[illegible]

[illegible]

[illegible]

[illegible]

(C.)

[illegible]

[illegible]

[illegible]

[illegible]

[illegible]

L'INDUSTRIE SUCRIÈRE

DE

L'ARRONDISSEMENT DE VALENCIENNES

A

L'EXPOSITION UNIVERSELLE

DE 1867.

RAPPORT

Le grand génie qui, par ses excitations et ses encouragements, peut être regardé comme le créateur de la Sucrerie indigène, Napoléon Ier enfin, définissait ainsi les principes sur lesquels devait être fondée l'économie politique de la France :

« L'agriculture est la base et la force de la prospérité du » pays.

» L'industrie est l'aisance, le bonheur de la population.

» Le commerce extérieur, la surabondance, le bon emploi » des deux autres. »

D'après Napoléon, l'agriculture et l'industrie étaient donc les *causes* de vitalité, le commerce n'en était que *l'effet*.

On aurait le droit de contester aujourd'hui le rôle de dépendance absolue assigné au commerce, et surtout au com-

merce extérieur, par le fondateur de l'Empire ; il est certain,
en effet, que les idées économiques qui prévalaient alors se
sont sensiblement modifiées, et ont accordé à l'élément *commercial* une place tout aussi importante qu'aux autres éléments sur lesquels s'appuie le trafic général d'un peuple.
Mais, telle qu'elle est, la classification appartenant au premier
des Napoléon, a montré combien déjà au commencement du
siècle on attachait d'importance à l'alliance de ces trois
grands éléments de la prospérité publique.

Dans l'agriculture, l'action de l'homme pour être profitable
doit être liée en forte proportion à l'action de la nature ;
dans l'industrie, au contraire, c'est le travail de l'homme qui
domine puisqu'il a affaire à une matière inerte ; dans le
commerce et dans les transactions en général, le levier sera,
le plus souvent, la somme de travail intellectuel qui aura été
dépensée.

Le développement agricole, industriel et commercial est
donc le signe et la mesure de la puissance des Sociétés, comme il est la source la plus certaine de leur richesse, et ce n'est
pas d'aujourd'hui que l'on peut regarder comme étant particulièrement favorisés, les pays qui offrent le champ libre
à l'agriculture, à l'industrie et au commerce et qui leur per-
mettent de se développer pour ainsi dire parallèlement en se
prêtant un mutuel concours.

C'est par ces considérations que l'on a été amené à regarder le Nord de la France comme occupant un très-haut
rang dans l'organisation des forces nationales, et que nous
avons pensé pouvoir mettre en lumière l'état d'une industrie
qui, à elle seule, est envisagée comme réunissant les précieux
avantages d'une agriculture, d'une industrie et d'un commerce
dont la solidarité fait la prospérité.

Nous voulons parler de l'industrie sucrière et des conséquences qui en sont sorties dans l'arrondissement de Valenciennes, auquel les lignes qui suivent sont exclusivement
consacrées. Nous parlerons de cette industrie, non pas en
rappelant son histoire depuis sa création, notre but principal
n'étant que de mettre en relief le rôle qu'elle a joué chez nous,
depuis qu'en 1855 l'Exposition universelle a permis d'en
montrer l'état.

La Sucrerie indigène repose tout entière, tout le monde le sait, sur la culture en grand de la betterave ; or la betterave, comme plante bisannuelle pivotante et sarclée, entre parfaitement en assolement avec les plantes annuelles et avec toutes celles qui sont considérées comme épuisantes ; elle est par cela même susceptible de faire disparaître la pratique si onéreuse de l'assolement triennal que la majeure partie de la France s'obstine routinièrement à respecter. Elle précède le blé avec beaucoup d'avantage et prépare à merveille le sol aux récoltes à céréales (1).

La betterave donne le sucre et l'alcool ; elle est la source d'une foule d'industries annexes. Le raffinage du sucre, la fabrication du noir animal, la production des salins, des potasses, des soudes, des sels alcalins et celle des engrais en dérivent (2).

L'agriculture et l'industrie métropolitaines sont intéressées à la production du sucre de betteraves. A l'aide de cette production l'élève des bestiaux a été encouragée, les assolements favorisés, la masse des fumiers augmentée dans les contrées où ce genre d'exploitation a pu s'établir, la culture des graines oléagineuses, du chanvre, du lin et d'autres plantes précieuses, refoulées par la betterave, a été enrichir des localités qui, jusque là, n'avaient connu que la culture des plantes vulgaires (3).

A côté, au-dessus peut-être, de tous ces bienfaits matériels se place un bienfait moral dont il est impossible de méconnaître la portée : c'est celui qui résulte pour les populations agricoles, d'une industrie vivant au milieu d'elles et qui leur procure, pendant la morte saison, un travail lucratif qui les retient dans les campagnes et arrête l'émigration vers les

(1) Dubrunfaut. — *Art de fabriquer le sucre de betterave.* — 1825. — Bachelier, éditeur. — Paris.

(2) Edmond Pesier, professeur de chimie industrielle à Valenciennes. — *Rapport à propos de l'Exposition universelle de 1855.* — Valenciennes. — Imprimerie de B. Henry.

(3) M. Behic. — *Rapport au Conseil d'Etat sur un projet de loi concernant les sucres.* — 24 juin 1850.

centres surchargés de bras et trop souvent agités par la fermentation politique.

Il semblerait qu'une industrie présentant de tels avantages et qui a donné de tout temps le spectacle d'un mouvement si rapide et si énergique d'expansion, ne pouvait rencontrer que des admirateurs et des panégiristes.

Il n'en est rien : L'industrie betteravière a toujours eu ses détracteurs; elle a encore aujourd'hui ses ennemis.

Il s'est rencontré, en effet, en dehors de l'élément colonial, qui naturellement ne voyait pas dans la betterave une sœur, mais un remplaçant, il s'est trouvé, disons-nous, des écrivains ayant assez d'aveuglement pour dire : « La betterave rentre » complètement dans la classe des récoltes épuisantes dont » la production, trop étendue, peut compromettre la prospé- » rité d'un pays..... Grâce aux perfectionnements apportés à » la Sucrerie indigène, la pulpe n'a presque plus et n'aura ». bientôt plus du tout de valeur pour alimenter le bétail (1). »

On écrivait cela au moment où l'on proposait aux chambres l'interdiction du sucre indigène et le rachat des fabriques sous le nom d'indemnité, mais au moment, il est vrai, où le prisonnier de Ham écrivait à son tour : « La betterave, exigeant des » sarclages rigoureux faits à la main et des engrais considé- » rables, améliore la terre........................... » C'est un fait constant que le blé, ensemencé après une ré- » colte de betteraves, produit 1/10 de plus qu'après toute autre » culture. Il pèse davantage........................ » Enfin partout où la betterave est en usage, la valeur vénale » des terres a augmenté considérablement, le salaire des » ouvriers a suivi la même marche ascensionnelle et l'aisance » générale s'est accrue d'une manière prodigieuse (2). »

Un pareil témoignage était bien de nature à éclairer enfin les adversaires les plus déclarés et à les faire revenir de leur erreur; mais en 1846, c'est-à-dire il y a vingt ans à peine,

____

(1) Journal *la Presse*. — 20 janvier 1843.
(2) *Analyse de la question des sucres*, par le prince Napoléon-Louis Bonaparte, 1843 — Paris. — Imprimerie de Vve Dondey, page 34,

il se trouvait encore des hommes affirmant : « Que l'agriculture
» n'avait aucun intérêt réel au maintien de l'industrie su-
» crière.... Que Dieu, dans sa sagesse infinie, avait réparti
» ses dons sur la surface du globe de manière à ce que tous
» les peuples aient besoin les uns des autres; chaque climat,
» disait-on, avait ses produits spéciaux, indigènes, naturels,
» qu'il était déraisonnable, absurde, de vouloir demander à
» d'autres climats favorisés différemment. On ajoutait que le
» sucre était le lot des contrées tropicales et que vouloir
» faire du sucre en France c'était vouloir faire du vin à St-Pé-
» tersbourg!!! (1) »

Quand on écrivait cela, la France produisait déjà plus de
53 millions de kilos de sucre de betteraves dans lesquels le
Nord seul entrait pour 30 millions de kilos.

En dépit donc de ses détracteurs, l'industrie betteravière a
grandi, et si bien progressé qu'elle est parvenue, non pas à dé-
trôner le sucre de cannes, mais à prendre à côté de lui une
place telle que le marché français est devenu ou va devenir
le premier marché du monde.

Ce sont là des généralités qui s'éloignent peut-être de la
spécialité que nous avons annoncé avoir en vue; mais nous
avons pensé qu'elles n'étaient pas inutiles avant d'aborder
le côté principal du sujet que nous voulons traiter ici, et nous
arrivons à cette spécialité.

Nous l'avons dit, nous nous proposons de n'envisager l'industrie sucrière qu'en ce qu'elle est particulière à l'arrondissement de Valenciennes et à ne faire l'histoire, en quelque
sorte, de ses vicissitudes et de ses progrès, que depuis la
dernière Exposition universelle francaise; nous y rattache-
rons tout ce qui en dépend, soit directement, soit indirec-
tement, et nous serons ainsi forcé de toucher à presque toutes
les industries du pays, celle de la Sucrerie étant, dans beaucoup de cas, le pivot sur lequel la plupart d'entre elles se
meuvent.

(1) *La Ferme Modèle ou l'Agriculture mise à la portée de tout le
monde*, par H. de Chavanes de la Girandière. — Tours 1846. — Imprimerie de Mame et Cie,

Encore une fois, nous ne referons pas l'histoire de la Sucrerie, nous ne rappellerons pas la part prise dans sa fondation par les Harpignies, les Blanquet, les Hamoir, les Gouvion, les Giraud et tant d'autres ; notre cadre est plus restreint. Il s'arrêtera presque toujours à 1854 et il nous suffira le plus souvent de nous servir, comme point de départ, de l'excellent Rapport du comité institué à Valenciennes lors de l'Exposition universelle de 1855, et dû à la plume si autorisée de M. Edmond Pesier.

En 1854, la production totale sucrière de la France s'était élevée à près de 77 millions de kilos. L'arrondissement de Valenciennes, à lui seul, en avait livré à la consommation 13,573,626 kilos ; cinquante-quatre fabriques seulement y existaient alors, car le nombre s'en était tant soit peu réduit par suite de la conversion de quelques unes en distilleries.

Le tableau ci-contre donnera une idée des progrès accomplis dans la fabrication du sucre de notre pays ; il indique la production comparative de l'arrondissement depuis 1835 seulement, bien que la fabrication y remonte à 1825, et il montre que si en 1854-1855 chacune des fabriques du rayon ne produisait que 161,750 kilos, les soixante-quatre fabriques existant actuellement ont donné en 1865-1866 un rendement moyen par chacune d'elles de 565,112 kilos : on pourrait même en citer plusieurs produisant annuellement plus d'un million.

En 1830, la France ne consommait que 60 millions de kilos de sucre et elle n'en produisait avec la betterave que 7 millions de kilos, dans lesquels l'arrondissement de Valenciennes entrait pour le septième ou un million.

En 1840, la consommation de la France s'est élevée à 110 millions de kilos, contre une production de 27 millions. L'arrondissement de Valenciennes, prend dans la production 5,600,000 kilos, ou la moitié de ce que produisait le Nord, le double de ce que produisait l'Aisne, onze fois ce que produisait l'Oise, et enfin plus du cinquième de la production totale.

En 1854, la consommation française n'est encore qu'au chiffre de 140 millions de kilos. La production de la Sucrerie

TABLEAU

DE LA PRODUCTION DU SUCRE DE BETTERAVES, DEPUIS LE 1er SEPTEMBRE 1835.

Désignation des campagnes.	Production de la France.	Aisne.	Nord.	Oise.	Pas-de-Calais.	Somme.	Autres Départements.	Arrondiss. de Valenciennes.	
								Nombre de Fabriques.	Production.
1835 — 1836	40.000.000	»	»	»	»	»	»	45	5.386.000
1836 — 1837	48.968.805	»	»	»	»	»	»	45	5.366.000
1837 — 1838	49.236.091	»	»	»	»	»	»	45	5.674.000
1838 — 1839	39.199.408	4.212·029	18 031.178	792.474	7.234.829	3.559.159	5.372.739	62	6.908.605
1839 — 1840	22.693.852	2.771.148	9.721.568	547.438	4.262.866	2.057.104	3.333.728	55	4.265.433
1840 — 1841	26.939.897	2.857.074	13 735.856	527.937	4.877.020	2.299.825	2.642.183	51	5.603.413
1841 — 1842	31.234.954	3.103.178	15.344.063	754.746	5.856.944	2.683.421	3.505.602	51	5.973 687
1842 — 1843	29.560.636	2.922.091	16.477.549	691.186	5.916.923	2.358.308	2.194.579	51	6.004.950
1843 — 1844	28.660.029	3.087.147	15.149.565	770.564	5.729.048	2.144.257	1.779.458	51	5.641.146
1844 — 1845	36.457.936	3.690.650	20.318.428	670.333	7.813.333	2.384.780	1.580.412	47	6.676.620
1845 — 1846	40.546.839	4.018.805	22.527.978	921.829	8.774.992	2.498.961	1.807.274	49	7.563.050
1846 — 1847	53.795.055	5.409.869	29.017.510	1.515.495	12.845.330	3.292.376	1.714.484	48	8.956.115
1847 — 1848	64.316.223	5 815.864	36.119 656	1.736.451	15.084.910	3.552.759	2.006.585	51	11.504.029
1848 — 1849	38.639.032	3.594.472	22.090.002	1.022.103	7.645.550	2.075.330	1.310.675	52	10.325.858
1849 — 1850	62.175.214	5.304.249	36.228.377	1.839.761	13.350.947	3.234.593	2.217.287	52	13.833.068
1850 — 1851	76.151.128	5.451.393	45.781.135	1.646.376	16.941.744	3.523.881	2.806.597	58	16.687.977
1851 — 1852	68.583.115	6.723.898	36.593.691	2.518.411	16.303.789	3.982.437	2.460.889	63	10.858.528
1852 — 1853	75.275.235	8.100.405	40.819.197	4.024.035	15.022.637	3.895.118	2 813.843	62	13.167.051
1853 — 1854	76.951.080	9.692.302	39.587.809	4.372.783	16.109.467	5.029.466	2.459.253	54	13.573.636
1854 — 1855	44.669.644	8.005.291	16.667.378	3.086.395	12.077.708	4.263.354	869.528	53	8.573.959
1855 — 1856	92.197.663	15.687.818	46.292.071	5 101.778	15.512.088	7.582.196	2 091.712	56	20.250.186
1856 — 1857	83.126.618	16.522.727	36.982.693	6.557.067	14.476.134	6.701·551	1.886.446	56	16.383.968
1857 — 1858	151.514 435	25.460.985	66.137.392	9.553.031	30.464.289	12.072.812	7.815.926	60	26.757.844
1858 — 1859	132.650.671	25.345.960	55.849.768	9.489.854	22.312.449	10.310.441	9.342.229	60	23.393.094
1859 — 1860	126.479.962	25.812.846	50.809.604	8.091.206	25.304.992	10.462.356	5.998.808	61	19.521.694
1860 — 1861	100.876.286	20.128.559	42.904.363	5.565.332	17.707.935	7.640.578	6.929.519	58	16.226.455
1861 — 1862	146.414.880	29.646.273	60 482.002	8.843.281	27.891.527	13.429.995	6.420.902	59	23.403.597
1862 — 1863	173.677.253	33.795.067	66.881.779	11.983.243	32.769.015	17.476.865	10.771.284	60	23.138.764
1863 — 1864	108.466.741	16.981.051	43.867.684	7.219.585	21.835.310	7.225.212	11.337.890	60	17.214.674
1864 — 1865	149.014.316	23.395.572	65.035.552	12.052.486	25.052.025	14.055.277	18.183.404	64	21.036.152
1865 — 1866	265.489.352	49.037.644	94.606.685	21.364.585	45.473.691	30.067.185	24.939.562	64	36.160.714
1866 — 1867²	204.069.734	36.058.763	74.463.083	15.239.100	34.029.766	23.208.399	21.080.614	64	30.000.000

(1) Diminution à cause de la direction des betteraves sur les distilleries. — (2) Jusqu'au 1er mars, chiffres approximatifs.

indigène n'est que de 44,670,000 kilos. Le haut prix des alcools avait fait diriger vers la distillation une grande partie des betteraves. L'arrondissement de Valenciennes, où un grand nombre de fabriques s'étaient transformées en distilleries, produit encore 8,600,000 kilos, soit la moitié de la production du Nord, plus que tout le département de l'Aisne, et le double de la Somme et de l'Oise, et toujours le cinquième de la production totale.

En 1866, la consommation de la France, quoique s'étant élevée à 260 millions de kilos, est inférieure à la production des sucreries de betterave qui ont surtout pris du développement dans l'Aisne, dans l'Oise et dans quelques autres départements limitrophes. La production générale de la France atteint, en effet, 265 millions de kilos, dans lesquels l'arrondissement de Valenciennes entre pour plus de 36 millions, soit une fois et demie la production du département de l'Oise et 6 millions de plus que le département de la Somme. Mais la Sucrerie s'est développée dans de nouveaux districts, des fabriques nouvelles se sont élevées dans le centre ; néanmoins, l'arrondissement de Valenciennes a conservé un rang exceptionnel, en donnant quelque chose comme le septième à la production totale.

Il suffirait des chiffres qui précèdent pour donner une idée de l'importance de la Sucrerie dans l'arrondissement ; mais on verra tout à l'heure combien l'agriculture elle-même a suivi la marche progressive qui lui était imprimée. Pour le moment nous nous contenterons de suivre l'industrie qui nous occupe dans sa rotation manufacturière et dans ses transformations.

D'après les annales du commerce extérieur publiées par le ministère de l'agriculture, du commerce et des travaux publics, et donnant l'exposé comparatif de la situation économique et commerciale de la France pour les quinze années de la période 1851-1865, le nombre des machines à vapeur employées en France dans les sucreries et raffineries de sucre se décomposerait de la manière suivante :

Nombre de machines 849. — Chevaux-vapeur 8,915.

L'arrondissement de Valenciennes présente, sous ce rap-

port, les chiffres comparatifs suivants, pour la campagne
1866-1867 :

Nombre de machines dans les sucreries..... 175
Force des machines en chevaux-vapeur..... 1,676
Nombre de générateurs.................... 259
Leur force en chevaux-vapeur 11,595

Notre rayon possède donc à lui seul plus que le cinquième
des machines à vapeur employées par les sucreries et les
raffineries françaises, et la force en chevaux-vapeur que nos
machines représentent, approche de très-près la même proportion.

Il sera facile de se rendre compte de la marche en avant
de l'industrie sucrière du rayon qui nous occupe, en compa-
rant tout à la fois, leur nombre et la force qu'elle représentait
en 1854, et le nombre et la force qu'elle réprésente en 1866.

NOMBRE d'Établissements.		NOMBRE de Chaudières.		NOMBRE de Machines.		FORCE des Machines.	
1854	1866	1854	1866	1854	1866	1854	1866
54	64	234	259	87	175	886	1676

Si un cheval-vapeur équivaut, comme l'admet la science,
à trois chevaux de trait, et si la force d'un cheval de trait
équivaut à celle de sept hommes de peine, il se trouve que
les sucreries de l'arrondissement de Valenciennes représentent aujourd'hui, par leurs machines :

5,028 chevaux de trait,
et 35,196 hommes de peine.

Nous avons dit que de l'industrie sucrière dépendait, chez

nous comme partout ailleurs, une foule de grandes et petites industries, qui n'y ont été amenées ou qui ne s'y sont développées qu'à l'ombre de la première. Il n'est donc pas indifférent de reproduire le tableau des appareils à vapeur de l'arrondissement de Valenciennes tel que M. Pesier l'a fourni dans son Rapport de 1855, et de le faire suivre du tableau des usines de l'arrondissement de Valenciennes mues par la vapeur telles qu'elles existaient en 1860, puis en 1866. On trouvera ces tableaux en tête de l'appendice que nous avons placé à la suite de ce rapport. Il sera facile d'en tirer les conséquences naturelles qui découlent de la comparaison des chiffres et qui prouvent combien l'industrie en général a progressé ici.

Les perfectionnements apportés depuis dix ans dans l'outillage et dans la marche des sucreries comme des distilleries, ont été assez importants pour qu'il soit utile de présenter rapidement quelques considérations à leur sujet.

Loin de dire, comme d'autres l'ont annoncé, que la Sucrerie de l'arrondissement de Valenciennes n'a pas progressé, nous déclarerons que, dans notre opinion, c'est cet arrondissement qui, au point de vue chimique particulièrement, a donné l'essor à la plupart des procédés auxquels l'industrie a recours aujourd'hui. C'est parmi nous qu'ont été développées les notions théoriques sur lesquelles ils reposent presque tous : c'est dans les usines de notre circonscription que les démonstrations en ont été faites manufacturièrement et publiquement.

Cette appréciation se justifie par les faits.

En 1855 on était beaucoup plus préoccupé d'améliorations de matériel que de procédés chimiques.

La généralité des fabricants suivait les anciennes méthodes avec quelques modifications de détails. Les appareils à force centrifuge étaient les seuls moyens nouveaux que la Sucrerie locale avait adoptés.

« La défécation ordinaire avec dose modérée de chaux, la

» filtration sur le noir, l'évaporation à vapeur dans les bassines,
» la cuite à air libre et quelquefois dans le vide, étaient en
» 1854 les pratiques les plus communément suivies et qu'au-
» cune innovation ne distinguait (1). »

Tous les fabricants admettaient au minimum dans leur travail 10 pour cent de noir animal du poids de la betterave, et encore ce noir contenait-il 1/10 de noir neuf. Dans l'arrondissement de Valenciennes la saturation par l'acide carbonique n'était plus pratiquée. Les écumes de défécation égouttées lentement, exprimées ensuite, rendaient toujours au filtre un jus presque froid, conséquemment plus ou moins altéré. Les jus déféqués étaient toujours filtrés au moins deux fois.

Employé dans ces proportions, le noir animal ne se trouvait nulle part en approvisionnement suffisant pour que sa revivification put se faire dans de bonnes conditions. Tantôt trop peu lavé, tantôt trop peu cuit, bien loin d'aider à l'épuration, il rendait au jus sucré ou de la chaux ou de la matière organique, et, dans tous les cas, le chlorure de calcium qu'on laissait dans sa masse contribuait à entraîner plus de sucre dans la mélasse.

On le voit, le procédé si connu aujourd'hui sous le nom de LA SATURATION, et qui consiste à pousser à l'économie du noir en soumettant les jus à l'action successive de la chaux et de l'acide carbonique, était si peu pratiqué que M. Pesier ne le mentionne même pas. Ce procédé dû à MM. Rousseau frères avait été jusque là si mal employé qu'on l'avait abandonné. Son application est générale aujourd'hui et nous dirons tout à l'heure comment.

L'Exposition universelle de 1855 avait permis de mettre sous les yeux des intéressés une foule d'instruments et d'engins plus ou moins ingénieux ; les fabricants de sucre y remarquèrent surtout *l'appareil à triple effet* de la maison Cail.

Dans la fabrication du sucre, l'évaporation des jus et des sirops est, sans contredit, l'opération la plus coûteuse quand

(1) Rapport de M. Pesier, 1855.

elle a lieu à air libre comme cela se fait encore dans beaucoup d'usines.

Tout en résumant les avantages des systèmes les plus perfectionnés qui ont précédé son apparition dans l'industrie sucrière, l'appareil à triple effet, en raison de ses dispositions particulières, est venu réduire notablement la dépense de combustible nécessitée par l'évaporation.

Nous en parlerons plus longuement à cause de la place importante qu'il occupe aujourd'hui dans la fabrication.

Il se compose de : trois chaudières tubulaires verticales ; deux vases de sureté ; un condenseur à injection ; un monte-jus ; une pompe à air ; un récipient de vapeur.

Chacune des chaudières est traversée dans une partie de sa hauteur par des tubes entre lesquels circule la vapeur. Les jus à évaporer se trouvent dans l'intérieur des tubes, au-dessus et au-dessous d'eux.

Toutes les vapeurs perdues de l'usine sont réunies dans un récipient en tôle. De ce récipient elles sont admises entre les tubes de la première chaudière, où elles déterminent l'évaporation des jus. Les vapeurs venant des jus de cette première chaudière circulent à leur tour entre les tubes de la deuxième chaudière, et les vapeurs qui s'y forment vont dans la troisième chaudière produire un effet semblable. On comprend que l'évaporation ne peut se faire ainsi successivement, qu'à la condition que la pression ira en diminuant de la première à la troisième chaudière.

Le vide est entretenu dans les trois chaudières au moyen d'une pompe à air qui doit en même temps extraire les vapeurs condensées et l'eau qui a servi à la condensation. Par suite du vide obtenu, la température d'ébullition des jus est toujours inférieure à 100°, et elle descend à 63° dans la troisième chaudière.

Il résulte de la disposition de cet appareil une triple utilisation de la vapeur qui a déjà servi à produire la force motrice nécessaire à l'usine, et par suite une économie de combustible sur laquelle on n'a pas toujours été d'accord mais qui est réelle et considérable.

Outre ces avantages, l'appareil à triple effet évapore dans le vide, sans soumettre les dissolutions sucrées à l'action d'une température supérieure à 100° qui comme on sait favorise souvent la transformation du sucre en mélasse ; il en résulte nécessairement une amélioration dans le rendement et dans les nuances des produits.

Dès 1856, l'appareil à triple effet fut installé dans la fabrique de Thiant et dans celle de M. J.-B. Dhaussy à Artres. Il a été installé depuis lors notamment chez M. Gouvion-Deroy à Denain, chez M. Mottez à Saint-Amand, et chez M. Crépin-Deslinsel à Denain.

En mars 1858, M. Pesier (Edmond), chimiste à Valenciennes, prend un brevet pour l'*épuration des jus sucrés* par l'alcool.

En mars 1859, les fabricants de sucre, les chimistes, les ingénieurs, les constructeurs mécaniciens étaient tous admis à voir et à discuter, dans tous ses détails, la série des opérations suivies par M. Pesier chez MM. Serret, Hamoir, Duquesne et Cie.

Dès janvier 1860, ces démonstrations pratiques étaient faites en usine chez M. Hamoir à Saultain, et tous les fabricants ont été appelés à les suivre.

En octobre 1860, trois autres sucreries fonctionnaient exclusivement par ce système.

Il était certes bien séduisant de traiter dix millions de kil. de betteraves au prix de 75 hectolitres d'alcool mauvais goût, à l'exclusion absolue du noir animal, avec un stock, immédiatement réalisable après campagne, de 80 hectolitres d'alcool environ.... Cela a été fait, et le procédé à l'alcool a succombé, peut-être comme beaucoup d'industries, les plus vivaces aujourd'hui ont succombé à leur début par le fait de circonstances fatales.

Quoiqu'il en soit, les tentatives faites de l'emploi de cet agent en sucrerie ont montré, ce que chacun déniait avant l'expérimentation, à savoir la possibilité économique et manufacturière de se servir en industrie d'un produit aussi volatil sans perte notable.

Cet enseignement est resté jusqu'ici sans utilisation nouvelle.

Mais en dehors de cette épuration spéciale, M. Pesier montrait, dans le traitement ordinaire des jus, des faits qui ont reçu leur sanction chez MM. de Baillencourt à Hérin, et Harpignies à Famars dès l'année 1860, et qui sont depuis généralement adoptés. Ils ont immédiatement conduit à réduire la dose de noir de quelque chose comme la moitié.

Prouvant qu'un excès de chaux à la défécation était sans but utile, puisque dans les circonstances de température où l'on exécute cette opération, le jus n'en dissout que des quantités *faibles* toujours identiques à égale densité, il proscrivait cet excès ; mais comme la formation de sucrate n'était pas à craindre, il conseillait d'en saturer les jus, tant qu'un trouble ne se manifestait pas dans les premières portions soutirées de la chaudière. La prise du titre alcalimétrique des jus clairs permettait de s'assurer si le maximum était dissous.

Il insistait sur la nécessité d'accélérer les opérations, dont les lenteurs amenaient presque partout alors le refroidissement des jus et par suite leur altération avant la concentration ; dans ce but il supprimait la filtration des jus d'écumes.

Et, pour combattre ces décompositions naissantes, moins que pour modifier les produits étrangers au sucre, il soumettait les jus alcalins à l'ébullition (pratique ancienne condamnée et proscrite alors de toutes les fabriques), réalisant, par là, la formation d'écumes, l'enlèvement de l'ammoniaque et la diminution de la dose de chaux libre.

L'accroissement de chaux à la défécation dans le travail commun n'était possible qu'à la condition de l'enlever par un autre agent que le noir, chacun réglant alors sa défécation sur l'efficacité de son charbon animal. M. Pesier a fait revivre l'emploi de l'acide carbonique, non pas seulement parce qu'il est revenu au *four à chaux pour créer ce gaz,* non pas seulement parce qu'il le faisait agir plus efficacement *en vases fermés,* mais parce qu'il a montré les circonstances dans lesquelles son action est nuisible ou favorable.

Introduit sans règle et à refus, l'acide carbonique remet en

2

solution les matières gommeuses, pectineuses et azotées qui existent sous forme de dépôt et en combinaison calcaire dans les jus. Il faut donc rester en deçà de la saturation par l'acide carbonique, conserver de l'alcalinité, non pas de l'alcalinité inévitable par la potasse et par la soude seules, mais un peu par la chaux. C'est avec la liqueur alcalimétrique qu'il réglait, et que nous réglons tous aujourd'hui le terme de la réaction.

Depuis lors divers procédés ont surgi. Nous en dirons deux mots tout à l'heure.

Indépendamment d'autres améliorations, là où le travail est satisfaisant, les jus sont toujours bien déféqués, chauffés avec de la chaux ; *la saturation n'est jamais complète en présence de dépôts;* partout l'acide carbonique est appliqué et produit par la calcination de la pierre calcaire.

Avions-nous raison de dire que l'arrondissement de Valenciennes n'avait pas été étranger au progrès, qu'il y avait concouru, et qu'il l'avait admis dans une sage mesure, en ayant égard pour les innovations proposées à la situation de ses fabriques, et en tenant commercialement compte des inconvénients d'un changement d'outillage tant de fois coûteusement remanié et des pertes inhérentes à des moyens paraissant avantageux du reste ?

Depuis lors, disions-nous tout à l'heure, divers procédés not surgi.

Nous en énumérerons quelques-uns à grands traits; nous les rappellerons autant que possible dans l'ordre chronologique de leur application chez nous et nous dirons en passant quelques mots des inventions, qui sans être d'un emploi essentiel, n'en sont pas moins de nature à atténuer le prix de revient, par l'accélération du travail ou sa simplification.

Ce fut d'abord la pompe à pulpes Joly de Compiègne. Puis le pelleteur Thiery, ensuite le *bonnet* distributeur de Ferdinand Louis. Le résultat de ces inventions fut de supprimer les pelles pour la mise en sacs de la pulpe et de régulariser la dose chargée dans les presses tout en économisant des bras.

Quelques jours après vint l'épierreur Joly, fondé sur la différence de densité des betteraves et des pierres dans l'eau, et ayant pour but leur séparation avant l'arrivée à la râpe.

Presqu'en même temps se produisait l'appareil à double serpentin pour la cuite en grains dans les sucreries et les raffineries. — « Cet appareil, dit une notice publiée par la » maison Cail, est construit en vue de faire des cuites très- » lentes, durant huit à dix heures, ce qui permet d'obtenir » plus de rendement total, surtout en premier jet ou premiers » produits. Le sucre obtenu, ajoute la notice, est aussi en » cristaux plus purs et plus volumineux, ce qui permet, quand » on opère sur des sirops convenablement travaillés, d'obtenir » en le purgeant à la vapeur, un sucre directement propre à la » consommation et ayant l'aspect de gros sable très-blanc. »

Puis vint le procédé de MM. Possoz et Perier dit de la double carbonatation, et que les fabricants connaissent assez pour qu'il ne soit pas besoin de le décrire ici.

Nous eûmes ensuite la râpe Joly qui, au lieu d'un tambour présentant 250 à 300 lames distantes l'une de l'autre de 10 millimètres environ, ne contient que 24 à 30 lames éloignées les unes des autres de 90 millimètres et qui de plus agit sans pousseur automatique.

En novembre 1862 ont lieu dans l'usine de M. Alfred Billet à Marly, des expériences sur un procédé au sucrate de chaux de MM. Nugues, Denimal et Billet, procédé qui selon ses auteurs « avait pour résultat de cristalliser sans augmentation de » frais, tout le sucre contenu dans les derniers sirops. » Nous pensons que les expériences manufacturières n'ont pas répondu aux espérances des inventeurs.

M. Joly, de Compiègne, nous apportait à la même époque une innovation des plus utiles ; il introduisait chez nous son élévateur ou chaîne sans fin pour l'alimentation du lavoir, ainsi que sa porteuse horizontale.

Dans la campagne suivante se produisit le noir fin épurant de MM. Leplay et Cuisinier.

C'est dans l'hiver qui s'ouvrit en 1865, que nous vîmes appliquer pour la première fois dans notre rayon, un procédé qui fit et qui fait encore grand bruit et un instrument dont l'apparition fut un véritable événement. Nous voulons parler de la défécation trouble revendiquée par MM. Perrier, Possoz, Cail et Cie, et du *filtre-presse* Danek appartenant également à MM. A. Perrier, L. Possoz, J.-F. Cail et Cie.

Le procédé et l'instrument, nous devons le dire ici en toute sincérité, ont été l'un et l'autre le point de départ d'innovations considérables dans la fabrication, et sans entrer ici dans l'examen de leur valeur industrielle, valeur incontestable du reste, ils auront eu pour nous l'avantage immense d'appeler l'attention sérieuse de la fabrication tout entière et de démontrer de la manière la plus complète, que tout n'était pas dit en sucrerie et que le dernier mot était encore à prononcer.

L'émoi fut vif, en effet, parmi nous et à l'heure où nous écrivons il est loin d'être apaisé.

Quoi qu'il en soit le filtre-presse était à l'ordre du jour. A celui de Danek en succéda plusieurs autres parmi lesquels nous devons citer, comme appliqués autour de nous :

Ce même filtre Danek, modifié par la maison Cail.

Le filtre Trinks, modifié et construit par MM. Farineau, Baudet et Boire.

Celui Heckner et Roettger modifié et exploité par MM. Du Rieux et Cie.

Et enfin le filtre-presse construit par M. Quillacq d'Anzin.

En même temps que ces procédés se vulgarisaient, celui connu sous le nom de cuite en grains prenait plus d'extension, ainsi qu'on le verra plus loin par le tableau comparatif des nuances de sucre produites dans l'arrondissement depuis quelques années.

La distillerie n'était pas non plus restée en arrière. M. Alex. Durel avait adopté l'appareil Savalle pour la rectification des alcools ; il a trouvé plusieurs imitateurs. Tous ont, dit-on, lieu de se féliciter de l'emploi de cet appareil.

Les 3/6 de l'arrondissément sont au surplus cités sur le carré de l'entrepôt pour leur pureté. Tout le monde sait, en effet, que les alcools de Denain, de Saint-Saulve, d'Estreux, de Marly, du Thumelard, etc., sont de qualité exceptionnelle.

Dans l'ordre économique, l'activité montrée par les fabricants de Valenciennes n'était pas moins considérable.

Ce n'est peut-être pas le lieu de s'occuper ici de ce qui a trait à la législation sucrière. Cependant la part prise dès 1860 par ces fabricants ou par leurs délégués dans les discussions qui ont précédé les différents changements de législation, nous font peut-être un devoir d'en dire quelques mots.

Lors de l'Exposition de 1855, la Sucrerie était sous l'empire du decret du 27 mars 1852, qui avait rétabli les types et fixé à 45 francs le droit sur le premier type indiqué avec augmentation de 3 francs pour le type supérieur.

Mais en 1860, le gouvernement veut pousser à la production du sucre blanc, et fidèle à son programme, il propose et fait adopter :

1° Un dégrèvement de 30 francs par 100 kil. de sucre ;
2° L'unité de type et de droit ;
3° La faculté d'abonnement.

Il se refuse pourtant à l'exportation qui était vivement réclamée (1).

Mais le dégrèvement faisait naître une question intéressante consistant en la demande, par les raffineurs, du remboursement des droits sur les quantités en cours de travail et basée sur un précédent fourni par la loi du 31 octobre 1848. Les réclamations furent nombreuses et elles se manifestèrent chez nous par un excellent mémoire de MM. J. Fontaine et Cie (2).

(1) *Le Sucre indigène et la liberté d'exportation*, par les fabricants de Valenciennes. — Paris, 1860. Imprimerie Paul Dupont.
(2) Paris, 1860. Imprimerie Paul Dupont.

Vint 1861. L'industrie sucrière était aux abois et malgré une production de 170 millions de kil. et une importation coloniale ou étrangère de 236 millions, l'exportation était refusée au sucre indigène. On réclama de nouveau le droit commun. Les termes dans lesquels l'arrondissement le fit sont consignés tout au long dans l'enquête sur les sucres faite en 1863 (1). Nous ne les reprendrons pas ici.

De cette enquête sortit un projet de loi qui supposant au sucre de betterave une richesse plus grande que celle du sucre de cannes, consacrait l'inégalité entre les deux sucres en posant en principe que le droit normal porterait, quant au sucre de betterave, sur une nuance plus basse que pour le sucre de cannes. En un mot c'était l'inégalité devant l'impôt.

L'arrondissement protesta par une brochure de ses délégués portant la date de janvier 1864 (2).

Ces mêmes délégués faisaient partie du comité central des fabricants de sucre, et quelques jours après ils prenaient part à la rédaction du manifeste de ce comité, manifeste qui eut sur le nouveau projet de loi une si grande influence (3).

C'est dans ces circonstances que les délégués des fabricants de sucre des arrondissements de Valenciennes et d'Avesnes rendaient compte des résultats de leur mission à leurs mandants (4).

La nouvelle loi fut votée le 7 mai suivant. A-t-elle satisfait tous les intérêts ? Il est permis d'en douter (5). Elle fut toute-

----

(1) *Enquête sur le régime des sucres*, séance du 25 septembre 1863, pages 351 et suivantes.

(2) *Observations des délégués de l'arrondissement de Valenciennes sur les dispositions des articles 1 et 6 du projet de loi, janvier 1864.* — Valenciennes, Louis Henry, imprimeur.

(3) *Observations du comité central sur le projet de loi primitif.* — Paris, imprimerie Martinet, 1864.

(4) *Rapport aux fabricants de sucre des arrondissements de Valenciennes et d'Avesnes, par les délégués de ces arrondissements, avril 1864.* — Valenciennes, Louis Henry, imprimeur.

(5) *Le régime des sucres a-t-il été définitivement réglé par la loi*

fois une réparation, et à ce titre elle mérite bien quelques égards.

La loi des sucres proprement dite n'était pas le seul point sur lequel les fabricants élevaient des réclamations, car ainsi qu'on le verra dans la suite de ce travail, les sucreries de l'arrondissement de Valenciennes, poussées comme partout dans la voie de la grande production, ne trouvaient plus autour d'elles les quantités de matière première suffisantes pour l'alimenter. On devait s'adresser aux départements voisins et particulièrement à l'Aisne, à l'Oise, à la Somme et au Pas-de-Calais ; mais les betteraves étaient taxées sur les canaux à la première classe et par suite les droits de navigation qu'elles payaient étaient trop élevés. Le comité fit des démarches auprès de qui de droit, et ces démarches, couronnées d'un plein succès, amenèrent la décision ministérielle du 16 juin 1864, qui rangea la betterave dans la catégorie des matières premières et lui appliqua, sur les canaux, une tarification qui pour notre arrondissement représenta une économie de 70 à 75 centimes dans les frais de transport (1).

Moins de deux ans après, le bienveillant patronage du comité permettait la fondation à Valenciennes d'une publication spéciale aux intérêts de la Sucrerie (2) et assurait ainsi à cette publication un succès qui va tous les jours grandissant.

du 7 mai 1864 ? Examen de cette question par J.-B. Mariage, janvier 1865. — Imprimerie de Louis Henry, à Valenciennes.

De l'avenir de la Sucrerie indigène, par E. Vion. — St-Quentin, imprimerie Hourdequin et Thiroux, 1865.

Journal des fabricants de sucre des 19, 27 octobre et 2 novembre 1865.

De la loi des sucres, par le marquis d'Havrincourt. — *Courrier du Nord* des 20, 23 et 26 décembre 1865.

Lettre d'un fabricant de sucre indigène à ses confrères, sur l'impôt à la consommation. — Janvier 1866. Paris, Retaux, libraire éditeur.

(1) *La betterave et les droits de navigation, par J.-B. Mariage.* — *Courrier du Nord,* septembre 1864.

(2) *La Sucrerie indigène,* revue périodique publiée sous le patronage du comité des fabricants de sucre, paraissant le 5 de chaque mois. H. Tardieu, ingénieur civil, à Valenciennes, directeur-gérant.

Quoiqu'il en soit, le programme économique de 1860 avait produit ses effets ; le libre échange avait abandonné les régions théoriques et était descendu dans le champ de la réalité. Une convention internationale entre la France et les divers pays qui l'avoisinent et de nombreux traités de commerce, aidés par une production dépassant la consommation, avaient amené progressivement l'abaissement du prix du sucre dans des proportions dont on n'avait pas auparavant conscience.

Le tableau ci-contre contenant la moyenne mensuelle des cours du sucre sur la place de Valenciennes depuis 1854, donnera une idée plus nette de ces fluctuations.

Une simple remarque en passant :

En 1830, la moyenne des cours de la bonne quatrième à la Bourse de Paris était de 71 francs par 50 kilos. En 1840 cette moyenne était encore à 64 francs. En 1866, la moyenne de décembre est de moins de 28 francs. Soit une différence de 72 francs au moins par sac !!!.........

Une industrie qui peut supporter, nous ne dirons pas sans souffrir, car elle souffre, mais sans périr, de pareilles différences a nécessairement progressé ; il n'est pas besoin d'en pousser plus loin la démonstration.

La situation commerciale de l'article sucre sur les différentes places de l'Europe avait donc de plus en plus rendu nécessaires des modifications dans le travail, afin d'arriver à un abaissement de prix de revient en rapport avec les exigences du commerce.

L'introduction de la distillerie au moyen de la betterave, avait amené cette denrée à des prix exagérés, et en 1854 on avait vu les sucreries obligées de se mettre à l'unisson de la distillation et payer la matière première 27 et 28 francs les mille kilos. Elle est descendue à 18 francs.

Malgré ces différences, le mouvement commercial s'accentuait de plus en plus dans notre pays et la nécessité d'un entrepôt pour les sucres était depuis longtemps démontrée. Ouvert à Valenciennes le 25 novembre 1851, l'entrepôt a jusqu'à ce jour reçu les quantités suivantes ;

MOYENNES MENSUELLES

DES COURS DES SUCRES INDIGÈNES SUR LA PLACE DE VALENCIENNES DE 1854 A 1866 INCLUSIVEMENT.

LA BONNE 4ᵐᵉ, Nᵒ 12 PAR 50 KILOS.

MOIS.	1854	1855	1856	1857	1858	1859	1860	1861	1862	1863	1864	1865	1866
Janvier	34 50	34 »	34 »	37 50	31 50	39 »	31 50	35 50	31 50	26 25	41 70	30 »	28 87½
Février	32 »	33 50	33 50	38 »	29 50	35 »	31 50	34 »	30 50	27 »	40 87½	29 50	28 30
Mars	31 »	35 »	33 »	44 »	30 »	34 50	32 50	34 50	30 50	26 »	38 75	29 37½	27 90
Avril	29 50	34 »	33 »	51 »	29 »	34 50	33 »	35 50	30 »	26 50	38 55	29 30	27 30
Mai	30 »	33 »	34 50	60 »	30 »	35 »	33 »	35 50	30 »	26 50	37 50	30 75	27 »
Juin	31 50	34 50	37 50	59 »	32 50	34 50	33 50	34 »	30 »	26 50	38 »	30 87½	27 50
Juillet	31 50	35 50	40 »	55 »	35 »	33 »	35 »	33 »	30 50	26 »	35 00	31 »	28 75
Août	34 »	34 50	39 »	45 »	36 50	31 50	36 50	32 50	30 »	27 50	34 50	29 35	29 75
Septembre	34 »	33 50	37 »	43 50	35 »	30 50	36 50	31 50	30 »	28 50	33 50	28 65	30 »
Octobre	35 »	33 »	38 50	35 »	32 »	32 50	36 »	32 »	29 »	33 »	31 95	28 75	28 30
Novembre	35 »	36 »	36 »	32 »	32 »	31 50	35 50	31 »	27 »	40 »	31 25	28 06	27 87½
Décembre	35 »	35 »	36 »	31 »	35 50	31 50	36 »	31 50	27 »	43 »	31 25	28 30	27 95

ENTREPOT RÉEL DE VALENCIENNES.

Tableau présentant par campagne le nombre de sacs reçus
depuis l'ouverture de l'établissement.

1851 — 1852	....	43.813 sacs.
1852 — 1853	....	48.150
1853 — 1854	....	87.640
1854 — 1855	....	68.335
1855 — 1856	....	102.922
1856 — 1857	....	67.110
1857 — 1858	....	116.150
1858 — 1859	....	77.557
1859 — 1860	....	79.463
1860 — 1861	....	67.336
1861 — 1862	....	75.157
1862 — 1863	....	59.552
1863 — 1864	....	40.668
1864 — 1865	....	87.901
1865 — 1866	....	89.742

Comme par tous les magasins généraux, des warants sont
délivrés à l'entrepôt de Valenciennes en vertu des dispositions
de la loi du 28 mai 1858. Cet entrepôt avait été autorisé à
s'adjoindre celui des marchandises étrangères et ce, par dé-
cret du 5 avril 1852 ; des sucres belges y avaient pendant
quelque temps été déposés. Sur les réclamations de la ville
de Douai, la faculté d'entrepôt de sucres étrangers avait été
retirée ; mais des mesures prises récemment par la Société des
magasins généraux et entrepôts de Valenciennes, ayant eu
pour effet la levée de l'interdiction et l'entrepôt ayant été
rendu à sa destination primitive, il est probable que cet établissement va prendre un essor nouveau et se trouver, dans
un temps peu éloigné, à l'unisson de celui de Lille.

Nous disions que le mouvement commercial prenait chez
nous une extension en rapport avec la production. Les opérations des sucreries de notre pays ne se bornent pas, en effet,

à la France seulement, et l'Angleterre a vu à certains moments entrer chez elle une assez grande partie de nos produits.

La loi du 7 mai 1864 mise en vigueur le 15 juin suivant avait eu pour but, comme nous l'avons rappelé, de donner satisfaction aux intérêts de la Sucrerie en lui permettant de participer au grand mouvement commercial résultant des principes posés dans le manifeste économique du 5 janvier 1860. Jusqu'alors l'exportation des sucres raffinés indigènes était formellement interdite et l'expédition en franchise de droit du sucre brut lui-même n'avait lieu qu'à titre de tolérance.

La Sucrerie rentrait donc dans le droit commun et quoique ses opérations avec l'Angleterre n'aient consisté jusqu'à présent ici que sur le sucre brut, on verra par le tableau qui suit combien à partir de la loi nouvelle le mouvement d'exportation s'est accentué.

QUANTITÉS DE SUCRE BRUT EXPORTÉES

par l'arrondissement de Valenciennes depuis la campagne 1858-1859 jusqu'au 1er mars 1867.

1858 — 1859	....	839.000 kilog.
1859 — 1860	....	1.674.000
1860 — 1861	....	160.000
1861 — 1862	....	1.086.800
1862 — 1863	....	1.198.450
1863 — 1864	....	583.137
1864 — 1865	....	615.254
1865 — 1866	....	7.763.566
1866 — 1867	....	2.089.554

On remarquera que les chiffres ci-dessus portés pour la campagne 1866-1867 ne comprennent que les exportations jusqu'au 1er mars, alors que pour cette campagne les écritures de la régie ne seront arrêtées que le 31 août. Or, comme les exportations ont lieu surtout en sucres des bas produits par suite des facilités que présente sous ce rapport le tarif anglais, il y a lieu de penser, que d'ici à la fin d'août, le chiffre pour la campagne courante sera majoré de toutes les quantités à extraire des sirops en cristallisation et atteindra un total égal, sinon supérieur, à celui de la campagne précédente.

La loi de 1864 sur le régime des sucres n'a pas eu seulement pour effet de faciliter l'exportation vers l'Angleterre notamment, elle a poussé la fabrication dans une voie où elle s'était déjà engagée sous l'influence de la loi de 1860, qui, comme on sait, n'admettait qu'un seul type et un seul droit. Jusqu'alors on s'était tenu exclusivement dans les basses nuances, mais la faveur dont jouissent, sous la législation actuelle, les poudres blanches a fait penser qu'il serait avantageux de se livrer à leur fabrication, et la campagne courante surtout a vu des tentatives sérieuses se faire de ce côté.

Voici, au surplus, les quantités de sucre brut *expédiées* à l'intérieur depuis la mise en vigueur de la loi du 7 mai 1864, jusqu'au 1er mars 1867, d'après les droits et nuances résultant de cette loi.

ARRONDISSEMENT DE VALENCIENNES.

Tableau des nuances de sucre produites en 1864, 1865 et 1866-1867.

CAMPAGNES.	AU DROIT de 42 francs au-dessous du n° 13	AU DROIT de 44 francs du n° 13 à 20.	AU DROIT de 45 francs au-dessus du n° 20. (poudres blanches).
1864 — 1865	13.872.600	7.240.600	3.100 k.
1865 — 1866	26.690.200	8.053.300	10.500
1866 — 1867	16.904.600	4.304.900	444.800

Nous insistons pour expliquer que les derniers chiffres ci-dessus ne comprennent que les quantités *expédiées* jusqu'au

1er mars 1867. Les restes en fabriques n'y figurent donc pas, et on jugera de l'importance de ces restes, quand nous dirons que sur les 30 millions de kilog. constatés au 1er mars, il n'en a été expédié à l'intérieur ou exporté, que 23,743,854 kilos.

En 1855 plusieurs raffineries libres existaient dans l'arrondissement, et M. Pesier estimait qu'elles produisaient ensemble quelque chose comme 1 million 500,000 pains d'une valeur de 15 millions de francs. Mais il en a été des raffineries de chez nous comme de beaucoup de raffineries de la province : elles ont dû plier sous le monopole de la raffinerie parisienne et elles ont fermé leurs usines. Une seule raffinerie libre, de création récente, fonctionne encore dans notre arrondissement et ses produits peuvent être évalués à 6 ou 7 millions de sucre raffiné.

La fabrique-raffinerie a aussi perdu du terrain et dans ces dernières années deux seulement ont fonctionné. Quelques autres possèdent encore tout le matériel du raffinage, mais la législation et le monopole aidant, elles ont préféré s'en tenir à la fabrication du brut.

On s'était pendant longtemps habitué à regarder le raffinage en fabrique comme le dernier mot de la fabrication ; il parait que l'on s'était trompé puisque ces sortes d'établissements vont tous les jours diminuant.

On ne peut que le regretter.

Nous avons dit en commençant que la culture de la betterave avait été, dans tous les pays où elle a été introduite, le plus puissant véhicule qui ait été employé jusqu'ici vers les améliorations agricoles ; nous nous sommes appuyé sur d'éminentes autorités et la démonstration en avait d'ailleurs été faite, d'une manière irréfutable, à propos de l'Exposition de 1855. Il nous reste donc à montrer ce que depuis lors l'agriculture a gagné ou perdu dans les différentes branches qui forment le fonds de son industrie.

Le tableau ci-contre nous présentera la répartition des cultures ; tous les chiffres résultent de la statistique officielle, et

PRINCIPALES CULTURES

DE L'ARRONDISSEMENT DE VALENCIENNES, DE 1854 A 1866 (1).

NATURE DES PRODUITS EN HECTARES.	1854	1855	1856	1857	1858	1859	1860	1861	1862	1863	1864	1865	1866
Froment........	14.804	13.779	15.271	15.191	14.832	15.703	15.867	15.601	16.099	16.186	15.720	16.127	15.983
Seigle........	2.422	2.413	2.245	2.016	2.495	2.649	2.477	2.380	2.381	2.438	2.501	2.602	2.684
Orge.........	1.875	1.697	1.710	1.734	1.812	1.856	1.584	1.595	1.461	1.449	1.353	1.405	1.393
Avoine........	4.353	5.108	4.611	4.117	4.419	4.741	5.222	4.995	4.979	5.280	5.287	5.290	5.531
Betteraves	6.963	6.821	6.500	8.228	6.892	6.139	6.957	7.952	8.566	7.649	9.560	8.432	9.035
Méteil........	241	265	310	343	339	295	296	283	245	205	242	230	243
Sarrasin......	69	63	48	40	40	42	48	42	42	29	23	17	28
Pommes de terre.	1.482	1.653	1.832	1.874	2.123	2.085	2.002	2.098	2.150	2.092	2.132	2.244	2.213
Légumes secs...	»	387	332	371	427	361	436	378	375	379	392	342	344
Colza	1.812	1.273	1.343	1.361	1.311	1.949	1.127	»	»	»	»	»	»
Chanvre......	175	216	115	118	103	156	19	19	»	»	»	»	136
Lin.........	202	300	241	256	287	298	271	521	»	»	»	»	393
Prés naturels...	5.886	6.081	6.091	6.317	6.431	»	5.760	4.773	»	»	»	»	»
Prés artificiels.	5.000	4.556	4.644	4.803	4.642	»	4.307	4.355	»	»	»	»	»

(1) Quelques chiffres sont restés en blanc faute de renseignements suffisants; mais ceux que nous avons pu trouver dans la statistique suffisent pour montrer les diminutions ou les augmentations de certaines cultures.

nous ne nous sommes attachés qu'aux productions principales comme étant celles sur lesquelles la culture de la betterave a eu le plus d'influence.

Dès le début de la culture betteravière, des hommes dont la bonne foi ne pouvait un instant être mise en doute, avaient craint qu'elle eût pour résultat de réduire la superficie des terres cultivées en céréales. Si cela avait besoin d'être démontré aujourd'hui, il suffirait d'un coup d'œil sur le tableau qui précède pour être assuré que ces craintes n'étaient que chimériques. En 1854, en effet, le nombre d'hectares cultivés en froment était de 14,804. Il atteint aujourd'hui le chiffre de 16,000, et si de 6,963 hectares la betterave est arrivée au chiffre considérable de 9,035 hectares, c'est sur les prairies naturelles et artificielles, sur les bois et surtout sur l'orge et le colza que l'empiètement a eu lieu. Non-seulement la culture de la betterave aura eu pour effet d'augmenter toujours, chez nous comme partout, la production des céréales, mais en même temps celle de la viande, ainsi que nous l'établirons tout à l'heure. Elle a radicalement chassé la jachère qui, au commencement du siècle, était encore représentée par 4,600 hectares, en 1840 par 3,991 hectares, et en 1857 par 42 hectares (1). Il n'en existe plus trace aujourd'hui.

Le progrès, au surplus, ne s'est pas borné à la superficie emblavée ; le rendement du froment par hectare atteint un taux que l'on peut qualifier d'énorme si on le compare au rendement général de l'Empire.

Il résulte, en effet, de la statistique officielle que les rendements de l'hectare en froment ont été les suivants dans les dernières années.

(1) De Courmacèul. — *Statistique de l'arrondissement de Valenciennes*, page 25.

Production moyenne comparée du froment par hectare en France, dans la région du Nord et dans l'arrondissement de Valenciennes (chiffres officiels).

ANNÉES.	RENDEMENT A L'HECTARE (HECTOLITRES DE FROMENT)			
	de la France.	de la région du Nord (1).	du département du Nord.	de l'arrondisse-ment de Valenciennes.
1861	11 22	14 29	19 02	23 »
1862	14 43	23 23	23 81	27 71
1863	16 88	24 06	27 37	30 »
1864	16 15	21 26	22 54	26 »
1865	13 85	19 43	22 01	25 10
1866	»	»	22 48	27 »

L'arrondissement de Valenciennes mesure 62,978 hectares de superficie, dont plus du quart est cultivé en froment. Il en résulte qu'à l'aide des rendements exceptionnels que la culture a su lui faire donner, il se trouve bon nombre d'années où il produit 80 à 100,000 hectolires au-dessus de ses besoins, semences comprises, et cela malgré une agglomération énorme d'habitants. Voici l'étendue et la population comparées de la France, du département du Nord et de l'arrondissement de Valenciennes en 1856 et en 1866. On verra que le département du Nord, le plus peuplé pourtant après le département de la Seine, est inférieur sous ce rapport à notre arrondissement.

(1) La région du Nord se compose des départements suivants : Nord, Pas-de-Calais, Somme, Seine-Inférieure, Oise, Aisne, Eure, Eure-et-Loire, Seine-et-Oise, Seine, Seine-et-Marne.

	HECTARES.	POPULATION		HABITANTS PAR KILOM. CARRÉ (100 hectares)	
		en 1856.	en 1866.	en 1856.	en 1866.
France entière....	54.700.000	36.205.000	38.067.094	68	69
Départem. du Nord	568.087	1.212.353	1.392.041	213	245
Arrondissement de Valenciennes....	62.978	163.082	174.220	259	276

L'excédant des céréales serait donc bien plus élevé si au lieu d'une densité comme celle résultant du tableau qui précède, la population se trouvait dans des rapports ordinaires avec l'étendue du territoire. C'est là un des signes les plus caractéristiques de l'activité et de l'industrie du pays.

La Sucrerie, disions-nous, n'a pas seulement produit du blé, elle pousse aussi à la production de la viande. Tout d'abord elle eut une tendance, extrêmement marquée, à substituer le bœuf au cheval pour la culture et pour certains transports.

M. Bonnier, dans sa Statistique agricole et industrielle de l'arrondissement de Valenciennes s'arrêtant à 1857 (1), a fort heureusement rappelé que l'apparition du bœuf comme agent agricole datait, chez nous, de 1804 et qu'il n'y en avait à cette époque que onze dans tout l'arrondissement de Douai, qui comprenait celui de Valenciennes. En 1840 l'arrondissement de Valenciennes seul en possédait................ 1,157
Il en existe aujourd'hui........................... 1,743

(1) *Statistique agricole et industrielle*, par M. Bonnier. — Valenciennes, imprimerie de B. Henry.

Voici d'après la statistique officielle de 1866 le tableau des animaux domestiques de l'arrondissement comparé à celui de 1854.

DÉSIGNATION DES ANIMAUX.	NOMBRE	
	en 1854	en 1866
Race chevaline	12.839	12.589
Mulets et Mules...........................	118	146
Anes et Anesses...........................	503	562
Bœufs et Taureaux........................	1.942	2.045
Vaches	17.021	17.458
Bouvillons, Taurillons, Genisses et Veaux d'élève..	4.668	7.248
Moutons, Béliers et Brebis...................	24.525	22.099
Boucs et Chèvres	1.465	4.609
Porcs	5.489	3.558

La race bovine a donc augmenté. La race chevaline est demeurée à peu près stationnaire. Les moutons ont perdu 2,500 têtes : cela tient sans doute à ce que les terrains vagues diminuent tous les jours et que la vaine pâture n'est plus qu'un souvenir.

Une augmentation remarquable est celle du nombre des chèvres, qui de 1,465 s'est élevé au chiffre énorme de 4,609. Est-ce le résultat d'une aisance tant soit peu plus grande, qui pénètre tous les jours chez l'ouvrier agricole devenu détenteur d'un petit coin de terrain ? Tout porte à le penser.

Quoi qu'il en soit, le *bétail de boucherie* peut être regardé comme dépassant la moyenne, bien que tout ce qui est abattu ici soit loin d'être *gras*. Nous avons fait relever à l'abattoir et à l'octroi de Valenciennes les poids des animaux sacrifiés en 1866 et voici les *moyennes* que nous avons ainsi obtenues :

Bœufs et taureaux	590 kilog.
Vaches et génisses............	450
Veaux de lait	90
Moutons	48
Porcs.......................	85

Il nous sera du reste bien facile de prouver que sous ce rapport, comme sous tant d'autres, notre arrondissement n'est pas en arrière ; il nous suffira, pour cela, de consulter les comptes-rendus des concours d'animaux de boucherie publiés par ordre du ministère de l'agriculture et du commerce.

Avant 1850 le Nord n'avait pas de ces sortes de concours : Lyon, Bordeaux et Poissy jouissaient seuls, depuis plusieurs années, du privilége d'avoir dans leur sein ces sortes d'exhibitions, usitées depuis longtemps en Angleterre et destinées à éclairer les éleveurs comme à développer la production et l'amélioration des animaux de boucherie ; on voulait en même temps favoriser la propagation des races, qui par la perfection de leurs formes et leur engraissement précoce fournissent le plus à la consommation.

Le premier concours d'animaux de boucherie eut lieu en 1844 et fut pendant cinq ans circonscrit à Poissy.

Mais en 1849, le gouvernement a pensé que les progrès accomplis dans le Nord, lui faisaient un devoir d'y instituer un concours annuel de bétail gras ; le premier de ces concours fut fixé au 25 mars 1850.

Nous prendrons donc, un à un, les comptes rendus des divers concours d'animaux de boucherie qui ont eu lieu en France depuis cette époque et nous en extrairons tout ce qui a rapport à notre arrondissement : nous retrouverons ainsi les noms des principaux agriculteurs de notre pays, de ces hommes, enfin, que l'on s'est habitué, ici, à considérer comme la plus pure expression du progrès. Nous renvoyons pour cela à la note IV que nous mettons à la suite de ce rapport.

L'élevage est aussi largement pratiqué chez nous et pour en

donner une idée, nous renvoyons à la note V, dans laquelle nous avons énuméré chronologiquement les récompenses obtenues par nos concitoyens dans les concours régionaux d'animaux reproducteurs, inaugurés, comme on sait, à Versailles du 8 au 18 octobre 1850. On verra dans cette note reparaître successivement les noms des Gouvion, des Hamoir, des d'Haussy, des Leduc, des Brabant, des Deslinsel, etc. (1), c'est-à-dire, comme nous le rappelions tout à l'heure, de ceux qui sont ici la personnification du progrès.

Les prairies naturelles et artificielles de l'arrondissement de Valenciennes, réduites comme elles l'ont été dans ces dernières années, seraient très-insuffisantes pour nourrir un nombre d'animaux domestiques aussi considérable que celui existant ; mais les pulpes de betterave, d'une conservation si facile dans des silos, sont là pour y suppléer et pour donner à l'agriculture une nourriture aussi saine qu'abondante. A ceux qui prétendaient que ces pulpes nuisaient à l'élevage, nous répondrons par les chiffres officiels du tableau ci-contre duquel il résulte qu'en douze ans le nombre des génisses et veaux d'élève a presque doublé.

---

(1) Les titres de ces hommes d'initiative sont ici dans la mémoire de tous et le gouvernement montre qu'il sait les apprécier ; de temps en temps de hautes distinctions viennent récompenser de généreux efforts et consacrer les appréciations et les désignations de l'opinion.

En 1855, la fabrication du sucre de l'arrondissement n'avait que peu de représentants dans la Légion d'honneur. C'étaient MM. Amédée Hamoir, Désiré Blanquet, Numa Grar et Achille Duquesne. A ces vétérans de l'industrie il faut ajouter, aujourd'hui, M. Gustave Hamoir, nommé en 1855, M. Gouvion-Deroy, alors président du comité, nommé le 20 août 1860, et M. Adolphe Deslinsel, nommé en mars 1862.

A la distinction accordée à M. Gouvion-Deroy, tous les fabricants de sucre des arrondissements de Valenciennes et d'Avesnes ont voulu en ajouter une autre et lui laisser un gage durable de leur reconnaissance pour les services qu'il leur avait rendus depuis si longtemps avec tant de désintéressement. Le 2 juillet 1864, dans un banquet où toute l'industrie était représentée, ils lui faisaient remise d'une coupe d'argent ciselé, portant cette inscription : *A M. Gouvion-Deroy, les fabricants de sucre des arrondissements de Valenciennes et d'Avesnes, reconnaissants.*

TABLEAU DU MOUVEMENT DES BETTERAVES

SUR LES CANAUX, A DESTINATION DE L'ARRONDISSEMENT DE VALENCIENNES.

LIGNE DE MONS A PARIS.

ANNÉES	REMONTE								DESCENTE							
	Condé	Fresnes	Anzin	Valenciennes	Trith	Denain	Pouchin	Roubaix	Douchain	Bouchy	Denain	Trith	Valenciennes	Anzin	Fresnes	Condé
1855 (1)	»	1.320	850	1.173	»	»	»	»	»	1.349	14.304	4.307	29.835	22.488	2.899	»
1856	»	700	2.511	488	»	»	»	»	»	2.752	6.152	15.195	24.811	18.774	2.032	»
1857	»	805	3.457	92	»	»	»	3	»	1.586	16.206	19.445	37.789	16.312	304	»
1858	»	»	1.651	856	»	»	»	»	238	1.108	7.102	584	25.587	5.571	129	»
1859	»	1.224	»	»	»	»	»	»	135	914	9.536	»	27.549	8.294	»	»
1860	»	»	87	105	»	304	»	»	»	651	6.747	»	21.772	4.510	2.362	»
1861	»	327	351	2.754	»	423	»	»	»	»	8.260	1.131	23.653	12.551	128	»
1862	»	727	1.231	1.904	»	»	»	»	»	»	14.252	197	38.947	19.414	3.410	»
1863	»	424	»	110	»	»	»	»	395	»	6.943	1.800	24.302	10.411	77	»
1864	»	3.115	2.189	264	»	»	»	»	2.336	1.978	11.139	405	37.181	17.320	2.621	»
1865	»	4.539	1.966	3.871	»	»	»	»	»	»	8.619	2.925	11.823	22.661	1.618	»
1866	309	1.278	1.290	701	125	»	»	99	5.757	»	8.064	220	25.703	11.013	5.064	»
TOTAUX	309	14.460	21.590	15.660	125	727	»	93	8.856	10.348	117.630	46.206	362.385	169.340	20.578	»
Tonnage à la descente	»	90.573	169.340	362.385	46.206	117.630	10.348	8.856	»	»	»	»	»	»	»	»
Tonnage total par port dans les deux sens (Remonte et Descente)	309	35.042	190.930	378.045	46.331	118.357	10.348	8.949	»	»	»	»	»	»	»	»

LIGNE DE MONS A LILLE.

ANNÉES	DESCENTE			REMONTE		
	Anor-Condé	Bergues	Bretagne	Montagne	Bergues	Vieux-Condé
1855 (1)	9.128	3.134	»	»	1.298	393
1856	11.374	»	»	»	2.701	1.512
1857	9.573	6.127	»	»	7.790	2.313
1858	9.225	5.233	»	»	1.822	804
1859	2.505	6.813	50	»	1.742	»
1860	3.943	4.667	»	»	793	464
1861	122	9.317	»	»	1.581	»
1862	1.197	10.381	61	»	4.434	1.300
1863	5.100	5.106	»	»	3.157	95
1864	38	8.120	»	»	5.187	3.065
1865	37	7.933	2.158	»	5.706	1.812
1866	1.250	4.790	»	2.483	5.509	1.502
TOTAUX	51.248	71.964	2.280	2.483	44.400	16.890
Tonnage à la descente	16.890	41.800	2.483	»	»	»
Tonnage total par port dans les deux sens	68.108	113.351	4.758	»	»	»

(1) Les quantités indiquées dans les colonnes expriment des tonnes de 1.000 kilos.

La culture de l'arrondissement reçoit d'ailleurs de la fabrication du sucre une somme de nourriture plus forte que celle qu'elle lui apporte. Les fabricants, en effet, sont outillés de façon à consommer plus de betteraves que l'arrondissement lui-même n'en produit.

Nous avons donné ci-dessus le nombre d'hectares cultivés en betteraves depuis 1854 ; voici les quantités employées à la fabrication du sucre depuis la même époque dans notre rayon :

1854 — 1855	181.000.000	kilog.
1855 — 1856	365.000.000	
1856 — 1857	355.000.000	
1857 — 1858	607.000.000	
1858 — 1859	428.970.000	
1859 — 1860	405.630.000	
1860 — 1861	315.060.000	
1861 — 1862	398.790.000	
1862 — 1863	454.640.000	
1863 — 1864	332.320.000	
1864 — 1865	404.430.000	
1865 — 1866	614.540.000	
1866 — 1867	612.000.000	

De la comparaison des chiffres qui précèdent avec ceux des hectares cultivés, il sera évident pour les personnes qui ont quelques connaissances en agriculture, que les fabricants de notre pays ont dû, dans certaines années, importer des arrondissements ou des départements voisins une grande quantité de betteraves : c'est ce qui a eu lieu. Les canaux de l'Escaut et de la Scarpe qui traversent notre arrondissement, et celui de la Sensée qui y aboutit, nous ont amené le surplus dont nous avions besoin.

Le tableau ci-contre du mouvement des betteraves sur l'eau donnera une idée de l'activité imprimée à la navigation par la Sucrerie et des arrivages qu'elle a provoqués par les canaux de Saint-Quentin et de la Sensée.

Pour bien préciser les ressources que présente à l'engraissement du bétail l'énorme consommation de betteraves que font les soixante-quatre sucreries de l'arrondissement de Valen-

ciennes, nous prendrons la quantité de 612 millions de kilog.
mise en œuvre pendant la dernière campagne et représentant
d'après les données les plus générales 122,400,000 kilog. de
pulpes pressées.

Dès 1825, dans l'ouvrage de M. Dubrunfaut que nous avons
cité, cet éminent chimiste disait : « Un bœuf maigre, terme
» moyen, peut peser 340 kilog.; engraissé il peut facilement
» prendre 500 kilog., ce qui porte l'engrais à 160 kilog. Si on
» considère qu'un bœuf engraissé par quatre mois de nourri-
» ture de pulpes a consommé au bout de ce temps 3,000 kilog.
» et que l'on compte le tourteau qui l'a nourri simultanément
» comme concourant pour moitié à la production de la graisse,
» on reconnaîtra que 3,000 kilog. de pulpes peuvent produire
» 80 kilog. de viande, graisse ou suif. Ainsi dans ce cas un kilo-
» gramme de matière animale serait le produit de 38 kilog. de
» pulpes ou de 126 kilog. de betteraves. »

L'argumentation de M. Dubrunfaut conduirait donc à cette
conclusion, que la pulpe produite chaque année, dans ces
derniers temps, par l'arrondissement de Valenciennes, équi-
vaudrait à la moitié de la nourriture journalière de 40,800
bœufs pendant quatre mois, ou au poids total de 6,442 bœufs
gras, ou encore, si on veut, à la production annuelle de
3,220,000 kilog. de viande.

M. Lefour, inspecteur général de l'agriculture, dans sa description de la race bovine flamande, constate (1) que les sucreries du Nord opéraient en 1856 sur près de 32 millions de
quintaux de betteraves pouvant fournir près de 10,000,000 de
quintaux de pulpe qu'il évaluait à 3,000,000 de quintaux de
foin. A ce compte, l'arrondissement de Valenciennes en opérant sur 600,000 quintaux et en produisant ainsi 120,000 quintaux de pulpes ou 120,000,000 de kilog. donnerait l'équivalent
de 40 millions de kilog. de foin. S'il est vrai alors que les bêtes
à l'engraissement doivent consommer 4 à 5 0/0 de leur poids en
foin ou l'équivalent de ce poids, il se trouvera qu'un bœuf de
400 kilog. à l'engrais consommera par jour 20 à 25 kilog. de
foin ou 60 à 75 kilog. de pulpes. D'après M. Lefour donc, les

(1) *Description des espèces bovines de la France, race flamande,*
par M. Lefour. — Paris, Imprimerie impériale, 1857, page 173.

120 millions de kilóg. de notre arrondissement pourraient, comme d'après M. Dubrunfaut, nourrir pour moitié 40,000 bœufs pendant quatre mois.

En si grave matière on ne pouvait consulter trop d'autorités ; nous nous sommes donc adressés à M. Meurein, inspecteur de la salubrité à Lille, dont les travaux sur la betterave et ses dérivés font autorité dans notre pays.

Il résulte de la communication que ce chimiste distingué a bien voulu nous faire, que les différentes pulpes obtenues de la betterave, comme la betterave elle-même, sont représentées par les équivalents suivants :

100 KILOGRAMMES.	EAU.	MATIÈRE SÈCHE.	AZOTE °/₀ de Pulpe normale	Équivalent nutritif rapporté à 100 kilos de foin normal et contenant azote 1.15.
Pulpe de betteraves obtenue par les râpes et les presses (Sucreries).............	68.7	31.3	0.3997	287.7
Pulpe Champonnois........	88.6	11.4	0.2899	396.6
Pulpe Dubrunfaut .... (Macération à froid.)	92.9	7.1	0.1216	945.7
Pulpe Leplay .... (Distillation de l'acool contenu dans les cossettes.)	91.15	8.85	0.2106	546.0
Betterave normale .... (Payen.)	83.5	16.5	0.2307 provenant des matières azotées neutr.	500.0

Donc, selon M. Meurein, 287 kilog. 700 grammes de pulpes de sucrerie équivalent à 100 kilog. de foin normal ou à la nourriture journalière de sept vaches laitières consommant 3 0/0 de leur poids en foin, ou à la nourriture de cinq bœufs à l'engrais consommant 4 à 5 0/0.

En un mot, si 287 kil. 700 grammes de pulpes sont l'équivalent de 100 kil. de foin, et si chaque hectare de betteraves donne 50,000 kil. de racines ou 11,000 kil. de pulpes, chacun de ces hectares représentera 4,000 kil. de foin normal ou un 1/2 hectare de prairies artificielles.

Toutes ces données, on le voit, concordent parfaitement entre elles et donnent la mesure de l'importance de la Sucrerie sur la production de la viande.

Cela d'ailleurs n'a plus guère besoin d'être démontré : il y a quelques jours à peine (1) M. de Forcade La Roquette, ministre de l'agriculture, le proclamait à Poissy après le Concours de bétail ; il y disait en effet :

« En se perfectionnant, l'agriculture se confond de plus en » plus avec l'industrie, et la ferme se rapproche de la manu- » facture. Aidée par la science, l'industrie découvre le sucre » et l'alcool dans le jus des racines qui n'ont pas vu le soleil, » et transforme l'agriculture dans les départements du Nord. » L'élevage du bétail s'enrichit de ces découvertes et trouve » des éléments nouveaux d'alimentation dans les résidus de » végétaux sortis des laboratoires. »

On ne pouvait mieux venger la betterave des accusations portées contre elle, et nous inscrivons ici avec bonheur le témoignage public qui lui est si solennellement rendu ; — il est d'un bon augure pour l'avenir, nous l'espérons.

Là ne s'arrêtent pas les bienfaits de la culture en grand de la betterave à sucre, car outre la production des matières nutritives il y a celle des engrais provenant du nombreux bétail entretenu. Il y a aussi un résidu connu sous le nom d'*écumes de défécation*. Ces écumes, avons-nous déjà dit ailleurs, se composent de terre, de chaux et de matières ayant appartenu à la betterave elle-même, que l'on a séparées des jus par une opération, qu'en sucrerie, on appelle *défécation*.

Parmi ces matières, M. Gustave Le Docte, secrétaire de la Société royale de Belgique, distingue l'*azote* qu'il y trouve dans de grandes proportions. « On sait, dit M. Le Docte, que

(1) Le 18 avril 1867.

» la betterave blanche employée à la fabrication du sucre con-
» tient en moyenne 5 0/0 d'azote, ce qui représente pour un
» travail de 7 millions de kil. de racines, 105,000 kil. d'azote.
» Or, si l'on admet que les 2/3 seulement de cette quantité sont
» séparés des pulpes par la pression et si on suppose que par
» l'action combinée de la chaux et de la chaleur dans les chau-
» dières à déféquer on ne soit parvenu à précipiter que les 2/3
» de l'azote renfermé par le jus, on arrive à cette consé-
» quence, que les déchets provenant de la défécation de
» 7,000,000 de kil. de betteraves, contiennent 46,666 kil.
» d'azote. »

Si ces données sont appliquées à ce qui se passe dans l'arrondissement de Valenciennes, où, comme nous l'avons établi,
on met actuellement en œuvre 5 à 600 millions de kil. de betteraves, nous trouvons que cet arrondissement produit par
ses sucreries plus de 3,000,000 de kil. d'azote.

Si maintenant, procédant comme l'a fait le savant secrétaire
de la Société d'Agriculture de Belgique, nous réduisons ce
chiffre des 9/10, nous aurons encore pour notre arrondissement
la production énorme, en azote, de 300,000 kil., et si comme
on peut le faire sans exagération on évalue de 4 à 5 0/0 le rendement de la betterave en écumes, nous aurons quelque
chose comme 25 à 30,000,000 de kil. de résidus renfermant
12 kil. environ d'azote par quintal métrique.

On voit le rôle que peuvent jouer les écumes de défécation
en agriculture et leur valeur considérable rien qu'en tenant
compte des seules matières azotées qu'elles renferment.

M. Payen, au surplus, dans le tableau des équivalents des
principaux engrais qu'on lui doit, à mis sur le même rang les
écumes de défécation, les excréments solides du cheval, les
résidus d'os et de colle et a placé ces mêmes écumes bien au-
dessus du fumier de ferme et des excréments solides de vaches.

Ce n'est pas tout, la betterave une fois entrée dans la fabrique n'en sort plus, sous toutes sortes de formes, qu'à différents états réellement utiles. Nous avons cité le sucre, les
pulpes et les écumes de défécation; il nous reste à parler d'un
autre produit d'une valeur considérable, soit de la mélasse.

La mélasse, chacun le sait, est ce résidu que l'on n'est pas parvenu à faire cristalliser et qui accompagne les cristaux de sucre à tous les états de la fabrication. C'est un mélange dans des proportions variables de sucre, de sels divers et de matières gommeuses : elle était signalée en 1843, par M. Mathieu de Dombasle, comme un produit gênant pour le fabricant et ne pouvant servir qu'à la fabrication de spiritueux de qualité inférieure propres aux seuls usages des arts.

L'expérience a prouvé combien M. Mathieu de Dombasle s'était trompé et les travaux de M. Dubrunfaut, particulièrement, sont venus donner à cette branche d'industrie une extension sur laquelle on ne comptait certainement pas.

Les quantités de mélasse produites par les sucreries, par rapport au sucre tiré des betteraves, varient extrêmement d'une année à l'autre et même d'une usine à une autre. Tout dépend de la qualité de la matière première ou de la perfection du travail des sucreries ; elles contiennent généralement 40 à 45 0/0 de sucre cristallisable que l'on a tenté d'extraire par la barite et que M. Dubrunfaut cherche en ce moment à extraire par l'osmose. Malheureusement ces tentatives n'ont point donné jusqu'ici des résultats assez satisfaisants pour que les procédés puissent être fructueusement appliqués manufacturièrement.

Tout donne pourtant à penser que l'osmose donnera des résultats dans un avenir prochain.

Quoi qu'il en soit, voici d'après des renseignements certains, les quantités de mélasse expédiées depuis 1854 de nos soixante-quatre fabriques, à destination des distilleries ; on pourra les comparer aux quantités de sucre et on verra, comme nous le disions, combien la proportion des produits varie annuellement.

MÉLASSES.

1854 — 1855	5.877.999 kil.
1855 — 1856	10.439,690
1856 — 1857	10.040.875
1857 — 1858	13.749.387
1858 — 1859	19.530.641
1859 — 1860	17.226.508
1860 — 1861	10.224.054
1861 — 1862	11.675.865
1862 — 1863	13.993.569
1863 — 1864	9.506.672
1864 — 1865	12.754.428
1865 — 1866	16.076.982

Après avoir parlé des mélasses, nous sommes naturellement amenés à parler de la distillation qui en est la conséquence et qui compte encore aujourd'hui plusieurs établissements dans notre rayon.

En 1854 on distillait non-seulement la mélasse mais des jus de betterave ; le prix élevé de l'alcool avait permis de transformer beaucoup de sucreries en distilleries. Il y avait en 1852, d'après M. Pesier, dix-huit producteurs d'eau-de-vie de grains et cinq distillateurs de mélasse faisant ensemble 29,000 hectolitres d'alcool environ ; mais au moment de l'Exposition de 1855, trente-cinq distillateurs avaient extrait de diverses matières, et principalement de la betterave, 66 à 67,000 hectolitres d'alcool pur.

Nous le répétons, le prix du 3/6 à la Bourse de Paris justifiait une transformation aussi radicale et une pareille augmentation dans la production. Le cours s'était élevé, en effet, à 190 francs et plus en août 1854, et l'année 1855 avait vu des prix de 130 et 140 francs.

Aujourd'hui que les prix sont tombés à moins de 60 francs et que par moment on les a vus à 48 ou 50 francs, les distilleries de betterave ont disparu de l'arrondissement de Valenciennes ; on n'y trouve plus que quelques rares et petites distilleries de grains se livrant exclusivement à la fabrication du genièvre et donnant annuellement un produit insignifiant. Huit distilleries de mélasse fonctionnaient en 1866 et ont produit, comme on le verra par le tableau ci-après, plus que ne produisaient en 1854 les trente-cinq distilleries du pays.

ALCOOL.

QUANTITÉS FABRIQUÉES.

1853 — 1854	54.232 h.	14 l.
1854 — 1855	73.587	96
1855 — 1856	81.912	05
1856 — 1857	70.189	52
1857 — 1858	81.237	78
1858 — 1859	86.330	47
1859 — 1860	106.782	81
1860 — 1861	87.438	76
1861 — 1862	56.761	17
1862 — 1863	80.801	05
1863 — 1864	63.504	77
1864 — 1865	43.355	54
1865 — 1866	67.391	28

On voit clairement par ce tableau, que si la distillation des betteraves n'existe plus chez nous, la production du 3/6 ne s'est pas ralentie et qu'elle a même augmenté dans les derniers temps ; cela tient à l'énorme quantité de mélasse produite par nos sucreries, quantités qui ne suffisent même pas aux besoins annuels de nos distilleries qui consomment non-seulement toutes celles de l'arrondissement d'Avesnes, la majeure partie de celles de l'arrondissement de Cambrai, mais des mélasses belges et allemandes en assez notable quantité. Cela ressortirait d'ailleurs facilement de la comparaison du chiffre des mélasses produites avec celui de l'alcool fabriqué et pour n'en citer qu'un, on verrait qu'en 1865-1866 les 16,000,000 kilogrammes de mélasse de l'arrondissement ne pouvaient donner qu'environ 40,000 hectolitres d'alcool, tandis qu'il en a été produit plus de 67,000 hectolitres, ou plus du cinquième de la production totale de l'alcool de mélasse fabriqué en France (1). L'excédant provient évidemment des mélasses introduites du dehors et qu'on peut évaluer à dix millions de kilogrammes au moins.

La mélasse ne donne pas seulement du 3/6 d'excellente qualité, on en extrait en même temps des salins bruts de potasse et de soude qui, à certains moments, ont une valeur très-considérable.

Voici les quantités provenant de l'arrondissement, qui ont été soumises à un impôt depuis 1853.

1853 — 1854	1.035.936 kil.
1854 — 1855	480.935
1855 — 1856	691.155
1856 — 1857	1.171.928
1857 — 1858	1.426.346
1858 — 1859	2.477.699
1859 — 1860	2.367.790
1860 — 1861	1.618.877
1861 — 1862	1.008.683

Le droit sur les salins de potasse et de soude ayant été supprimé par l'article 16 de la loi du 2 juillet 1862, à compter du 1er janvier 1863, nous n'avons pu nous procurer de renseignements officiels pour déterminer les quantités fabriquées à partir de la campagne 1862-1863; mais il nous sera facile d'y suppléer au moyen des chiffres de la production des alcools.

Nous estimons donc que la production des salins bruts s'est élevée :

En 1862 — 1863 à	3.500.000 kil.
En 1863 — 1864 à	2.800.000
En 1864 — 1865 à	1.900.000
Et en 1865 — 1866 à	3.100.000

---

(1) Campagne 1865-1866. — *Production des alcools en France.*

Vins	1,010,166	
Betteraves	283,022	Ensemble 1,779,474 hectolitres
Mélasses	307,409	à 100 degrés
Substances diverses	188,877	ou 300,000 pipes.

A première vue nos évaluations de la production des salins dans les quatre dernières campagnes pourront sembler exagérées si on les compare aux chiffres précédents ; mais nous devons faire remarquer que jusqu'en 1861-1862 nous ne donnons que les chiffres des quantités *imposées*, les potasses *exportées* n'ayant pas payé de droits et ne figurant pas par conséquent dans les états de régie. Il est donc certaines campagnes pendant lesquelles l'exportation était plus active et dont les chiffres donnés par la régie sont fort atténués (1).

Les salins retirés des mélasses après distillation varient extrêmement de qualité ; ils valent d'autant plus que le *carbonate de potasse* y domine davantage ; or il s'en faut que tout les salins bruts soient de même composition et nous devons à l'obligeante communication de M. Pesier les renseignements suivants qui indiquent les rapports du carbonate de potasse et du carbonate de soude dans la matière tirée des mélasses de différentes provenances.

Ainsi, les mélasses du département de la Marne donnent généralement des salins dans lesquels le carbonate de potasse est au carbonate de soude comme 100 est à 16 ou 18.

Les mélasses de l'Aisne donnent des salins dans lesquels les mêmes éléments se présentent comme 100 est à 33 ;

Celles de la Somme comme 100 est à 30 ou 35 ;

Celles de l'arrondissement de Valenciennes comme 100 est à 46 ou 50 ;

Celles de l'arrondissement de Lille, là où l'engrais humain a dominé dans les fumures, comme 100 est à 92 ou 95 ;

(1) Bien que l'exportation des salins de betteraves se soit quelquefois élevée à un million et demi de kilogrammes annuellement, il ne nous a pas été possible d'en faire un relevé suffisamment complet — La raison en est que les salins sont déclarés par le commerce tantôt comme potasse, tantôt comme soude, et confondus comme tels dans les écritures de la balance du commerce avec des similaires d'origine différente.

Celles de Saint-Omer et de quelques parties de l'arrondissement de Lille, comme 100 est à 100 et plus.

Il s'en est même rencontré qui donnaient comme 100 est à 160.

Les salins de potasse et de soude, sortant des distilleries de l'arrondissement de Valenciennes, sont généralement bien fabriqués, c'est-à-dire que l'incinération en est complète et que l'on n'y rencontre plus de sulfure. C'est cette perfection des produits de notre pays qui a conduit les savonniers à délaisser la potasse raffinée et à employer pour la fabrication des savons, les salins *bruts* eux-mêmes, sans que ceux-ci aient subi de manipulation préalable.

Voici au surplus les composés chimiques principaux de ces salins :

        Eau .... 2 à 4 0/0.
        Matières insolubles................ 7 à 10
        Carbonate de potasse............... 35 à 40
        Carbonate de soude................. 18 à 20
        Chlorure de potassium.............. 18 à 20
        Sulfate de potasse................. 3 à 10

Depuis plus de dix ans, M. Pesier, par la situation particulière qu'il occupait dans notre arrondissement, avait reconnu que le rapport de la potasse à la soude dans les salins variait suivant l'origine des mélasses qui les avaient fournis, en d'autres termes qu'à titre alcalimétrique égal la dose de soude était parfois très-faible, d'autres fois supérieure à celle de la potasse ; il avait donc conduit MM. Serret, Hamoir, Duquesne et Cie, fabricants de produits chimiques à Valenciennes, à ne plus traiter de l'achat des salins qu'en en fixant la valeur par celle du titre du carbonate de potasse contenu, abstraction faite de la soude : c'était en effet le seul moyen d'arrêter la fraude que pratiquaient certains distillateurs et qui consistait à ajouter de la soude aux matières à incinérer, de manière à en augmenter la richesse alcalimétrique qui n'était ainsi qu'apparente. Cette façon de procéder dans les transactions s'est généralisée à ce point que les affaires aujourd'hui ne se traitent plus que sur cette base et après analyse.

Déjà en 1854, trente-cinq distillateurs, disions-nous, produisaient plus de 66,000 hectolitres d'alcool pur, bien que la fabrication du sucre se fût restreinte et ne donnât que 5 à 6 millions de kil. de mélasse; il y avait à la vérité vingt distilleries
de grains, mais elles ne donnaient ensemble que 4,400 hectol.
d'alcool, le reste provenait en partie de la mélasse et surtout
des jus de betterave.

Depuis 1852, en effet, sous l'influence du prix de 120 à 125
francs qu'atteignait alors l'alcool en novembre et décembre,
on avait vu naître différents procédés permettant d'extraire ce
produit de la betterave directement, et en première ligne nous
devons citer le procédé de M. Dubrunfaut qui fut dans notre
arrondissement surtout si généralement appliqué; nous dirons même qu'il le fut à l'exclusion de tous autres.

Mais lorsque, vers 1858, l'abaissement du cours des esprits
3/6 s'opposa à l'emploi de la betterave comme matière première, on s'adressa aux grains saccharifiés par les acides et
une de nos distilleries fut la première (1) à employer ces procédés sur les indications de M. Dubrunfaut; au lieu de s'a-
dresser aux céréales du pays, les gérants de cette usine pen-
sèrent à utiliser le maïs indigène ou exotique comme laissant
plus de marge et atteignant moins directement les sources de
l'alimentation publique.

Cette usine ne tarda pas à trouver des imitateurs, et quatre
ou cinq distilleries de l'arrondissement travaillèrent les maïs
et les riz.

Malheureusement les résidus de la distillation étaient im-
propres à la nourriture du bétail, ils pouvaient tout au plus
servir, dans une certaine mesure, comme matière fertilisante.

Bientôt une baisse de prix nouvelle ne laissant plus de
marge, nous retrouvons M. Pesier cherchant à diminuer le
prix de revient en opérant sans mouture préalable et en utili-
sant, pour la nourriture du bétail sous forme de drèche, le

(1) *Rapport d'une Commission spéciale au Concours départemental
du Nord de 1861. — Revue agricole, industrielle et littéraire de la
Société d'Agriculture de Valenciennes. Tome XIII, pages 145 et 146.*

résidu de ce traitement par les acides, résidu que, comme nous le disions, l'on avait toujours perdu jusque-là (1). Il s'adressa aussi aux maïs : l'orge et le seigle furent également soumis à son mode d'opération.

L'intérêt considérable que pourrait, à un certain moment, présenter cette méthode, nous engage à l'analyser ici plus longuement.

L'outillage se composait de séries de sept ou huit cuviers en bois, de 60 hectolitres de contenance, placés à côté les uns des autres sur un plan horizontal. Des tuyaux établissaient la communication entre eux ; ces tuyaux allaient de la partie inférieure de chacun d'eux à la partie supérieure du cuvier voisin. Ces cuviers étaient garnis de doubles fonds et pouvaient être chauffés en barbotage par la vapeur.

La cuisson remplaçait ici la division mécanique qui était le début du procédé primitif ; on chargeait 1,000 kilogrammes dans l'un des cuviers et il fallait quatre heures de chauffe environ pour une cuisson parfaite. Lorsque le grain en était là, on arrêtait l'ébullition, on ajoutait 10 0/0 d'acide chloridrique, on couvrait la cuve et on laissait macérer la matière pendant quatre heures. On soutirait alors 60 à 70 hectolitres de jus de 104 à 105° au densimètre en lessivant par de l'eau chaude tous les cuviers précédemment chargés. Dans un travail courant, toutes les quatre heures on chargeait dans un cuvier en tête, toutes les quatre heures on tirait le jus, et toutes les quatre heures on sortait du dernier cuvier la pulpe la plus macérée, la plus lessivée, après avoir laissé égouter l'eau qui l'imprégnait.

Les jus sortant de la macération étaient reçus dans une cuve

(1) Les vinasses de maïs utilisées comme engrais à la distillerie de Thiant étaient composées comme suit :

    Eau.............. 79.18
    Matières organiques.. 10.33
    Cendres........... 9.49
Dans les matières organiques l'azote entrait pour...... 0.24.
Dans les cendres l'acide phosphorique était représenté par 0.74.

où par jet de vapeur on achevait la saccharification si elle était incomplète. Puis on saturait l'acide libre par la chaux en réglant l'acidité au moyen de la liqueur acidimétrique, et ces jus refroidis par leur passage dans un réfrigérant arrivaient *clairs* à la cuverie où ils subissaient une décomposition très-prompte.

MM. Serret, Hamoir, Duquesne et Cⁱᵉ et M. Alexandre Durel firent sur une grande échelle l'application industrielle de cette méthode.

300 kilos de maïs leur procuraient un hectolitre d'alcool commercial à 90°, un poids égal, soit 300 kilos de pulpe ou drèche égouttée vendue à raison de 3 francs les 100 kilos, et 20 kilos de belle levûre pressée, indépendamment de celle qui était prélevée sur les cuves pour l'entretien de la marche de l'atelier.

Les cultivateurs ont toujours enlevé les résidus de maïs, qui contiennent de 5 à 6 0/0 de matière grasse et 0.50 d'azote 0/0, et l'utilisaient pour la nourriture du gros bétail, des moutons, des porcs. L'engraissement s'est fait très-facilement dans plusieurs grandes étables à l'aide de cette alimentation.

Cette méthode de travail, plus avantageusement réalisable sur le maïs, s'est propagée dans plusieurs distilleries. Mais les 3/6 ont baissé, les grains ont haussé et l'alcoolisation n'est plus praticable que sur la mélasse indigène dont la valeur suit toujours celle des alcools et peut seule par suite, se prêter aujourd'hui à un travail rémunérateur.

M. Pesier recommandait son travail du grain en distillerie concurremment avec celui de la mélasse, pour obtenir avec celle-ci des fermentations régulièrement bonnes. La levûre recueillie sur place et toujours de bonne nature, assure à la mélasse un rendement maximum rarement atteint, lorsque, pendant l'été surtout, l'approvisionnement des levûres se fait au loin et que le ferment est toujours reçu en état de décomposition plus ou moins avancé.

Nous avons pensé qu'il ne serait pas indifférent de donner

COURS OFFICIEL A LA BOURSE DE PARIS

DES ESPRITS-TROIS-SIX FIN PREMIÈRE QUALITÉ, DE TOUTE PROVENANCE, DE 1852 A 1866 INCLUS.

L'HECTOLITRE AU COURS MOYEN DE CHAQUE MOIS.

ANNÉES.	Janvier.	Février.	Mars.	Avril.	Mai.	Juin.	Juillet.	Août.	Septembre.	Octobre.	Novembre.	Décembre.	PRIX MOYEN PAR ANNÉE.
1852	61 75	73 20	71 50	71 55	78 85	76 30	91 70	96 35	91 65	108 56	123 55	122 40	88 94
1853	119 05	116 20	107 70	102 15	99 50	97 25	99 90	128 70	171 35	162 50	171 20	186 80	130 19
1854	178 11	161 25	140 81	133 36	147 07	163 61	180 38	182 59	169 46	163 88	164 92	157 46	161 90
1855	131 46	129 20	132 »	129 56	128 92	127 65	124 34	127 88	121 36	114 59	109 34	110 34	123 88
1856	107 77	102 12	97 65	105 57	109 37	120 16	143 18	148 19	129 07	134 »	139 08	130 63	123 15
1857	126 55	122 »	122 70	123 05	120 20	112 35	115 70	109 75	108 23	108 27	78 28	73 09'	110 »
1858	63 62	60 20	58 85	53 42	50 50	55 15	53 44	54 57	51 73	49 73	59 84	65 55	56 38
1859	67 80	69 16	67 90	67 67	83 67	97 30	85 95	85 61	95 59	102 31	105 »	89 15	84 75
1860	88 15	92 80	101 33	105 72	107 15	105 »	96 32	99 21	101 16	104 40	98 26	96 82	99 70
1861	103 60	101 47	101 63	104 07	101 63	92 50	85 11	87 26	89 64	87 11	78 84	71 15	92 05
1862	75 19	75 60	74 31	75 63	66 33	68 52	73 50	79 22	82 21	74 83	67 57	62 73	72 97
1863	66 55	63 83	63 71	63 30	64 78	64 48	66 51	80 44	73 09	70 12	73 50	80 07	69 19
1864	81 60	78 50	73 94	73 59	75 18	67 84	62 82	68 90	76 71	69 53	61 08	64 31	70 75
1865	60 92	52 73	52 59	52 68	53 40	55 67	56 59	51 13	49 13	49 34	44 78	43 42	51 86
1866	43 92	44 50	47 53	51 10	53 82	53 00	55 90	48 20	60 14	59 98	61 50	60 22	53 37

ici le tableau du cours des esprits 3/6 depuis 1852, c'est-à-dire, depuis le moment où l'alcool d'industrie a commencé à prendre une place importante sur le carré de l'entrepôt parisien. Ce tableau expliquera les motifs de fluctuation dans les quantités produites depuis dix ou douze ans dans notre arrondissement. Rapproché des cours du sucre, il expliquera peut-être aussi, les causes de la diminution que l'on remarquera tout à l'heure dans les affaires que la Succursale de a Banque a faites dans ces derniers temps sur notre place.

On conçoit qu'en présence d'opérations aussi étendues que celles auxquelles l'arrondissement se livrait, la Banque de France, ait senti la nécessité d'avoir une Succursale à Valenciennes. Il en fut créé une en 1847, et cette Succursale a donné depuis le 12 juillet de cette année jusqu'au 31 décembre 1866 les résultats suivants (1) :

	Montant des opérations.
1847	13.818.000 fr.
1848	48.814.000
1849	44.961.000
1850	43.089.000
1851	48.891.000
1852	76.830.000
1853	103.084.000
1854	127.840.000
1855	146.025.000
1856	150.596.000
1857	129.690.000
1858	125.895.000
1859	118.341.000
1860	115.561.000
1861	101.395.000
1862	99.066.000
1863	106.112.516
1864	130.392.596
1865	126.496.137

En 1856 il y avait en France trente-huit succursales. Valen-

(1) Ed. Grar. *Revue agricole, industrielle et littéraire de la Société d'agriculture de Valenciennes.* — Tome IX, page 305 ; tome XII, page 238 ; tome XIV, page 364 ; tome XX, page 148.

ciennes occupait, quant aux opérations, le cinquième rang et quant aux bénéfices de la Banque le septième.

En 1857, Valenciennes vient huitième quant aux opérations et septième quant aux bénéfices.

En 1861, Valenciennes occupe le neuvième rang des succursales quant aux opérations et quant aux bénéfices.

En 1862, il y a cinquante et une succursales. Valenciennes vient au onzième rang pour les opérations; mais conserve le neuvième quant aux bénéfices.

En 1863, la Banque a cinquante-trois succursales ; Valenciennes demeure au onzième rang pour le chiffre des affaires, et remonte au huitième pour les bénéfices.

Enfin et pour abréger, malgré la diminution que l'on a pu remarquer dans le chiffre des affaires faites par la Banque de France sur la place de Valenciennes, notre arrondissement occupe en 1865 le dixième rang pour les affaires parmi les cinquante-cinq succursales, mais vient au quatrième dans le chiffre des bénéfices.

Avec un mouvement commercial aussi développé et une industrie qui a pour matière première principale un produit agricole dont la récolte à lieu à l'arrière-saison, la vicinalité devait, nécessairement, prendre beaucoup d'extension : c'est ce qui est arrivé, ainsi qu'on le verra dans les tableaux qui suivent comprenant la comparaison depuis 1854 des longueurs kilométriques des différents chemins pavés qui sillonnent l'arrondissement. ... .

ROUTES IMPÉRIALES.

	k. m.
Route n⁰ 29, de Rouen à Valenciennes et Mons......	31.750
n⁰ 43, de Bouchain à Calais.................	9. »
n⁰ 45, de Marles à Valenciennes et Tournay...	28.500
n⁰ 48, de Valenciennes à Condé et Gand.....:	18. »
Ensemble...........	87.250

En 1857, M. Bonnier (1) indiquait que les mêmes routes impériales avaient une longueur de.......... 82.210

(1) *Statistique de l'arrondissement.*

ROUTES DÉPARTEMENTALES.

NOMS.	NUMÉROS.	LONGUEUR sur l'arrondissement.	
De Lille à Valenciennes	1	8 k.	250 m.
De Cambrai à Tournay.	4	2	775
De Condé à Mons.	7	9	025
De Condé à Saint-Amand.	8	12	210
De Valenciennes à Bohain, (Solesmes. Le Cateau-Cambraisis).	10	8	850
De Roubaix à Tournay et St-Amand	19	9	500
D'Ilélesmes à Denain	24	7	118
Total.	..	47	728

En 1835 la longueur de ces routes n'était que de 9,200 mètres.

CHEMINS DE GRANDE COMMUNICATION

NOMS.	NUMÉROS.	LONGUEUR sur l'arrondissement.	
De Valenciennes à Somain.	13	13 k.	000 m.
De St-Amand à Helesmes	21	9	455
D'Auberchicourt à Abscon.	34	1	200
De Douai à St-Amand.	35	3	000
De Denain à St-Waast par Haspres et Villers-en-Cauchies.	45	8	250
De Denain à Mastaing.	49	8	000
De Fresnes à Jenlain	50	18	710
De Marquette à Neuville-St-Remy.	60	5	000
De Vendegies à Denain.	70	8	250
Total.	..	74	865

En 1835 la longueur totale de ces chemins n'était que de
17,950 mètres.

Mais le développement le plus merveilleux s'est révélé dans
les chemins vicinaux d'intérêt commun qui en 1854 n'attei-
gnaient pas 10,000 mètres. C'est à l'aide de ces chemins
construits et entretenus aux frais exclusifs des communes et
sans aucune intervention ni du département ni de l'Etat, que
la culture de l'arrondissement de Valenciennes à pu étendre
dans la mesure que nous avons indiquée, ses emblaves de
betterave et transporter ses récoltes aux nombreuses usines
éparses sur tous les points de son territoire. C'est ici que la
Sucrerie a le plus fait sentir son action et rendu peut-être le
plus de services. On en jugera par la progression des chiffres
du tableau suivant :

CHEMINS VICINAUX D'INTÉRÊT COMMUN.

Situation à partir de l'année 1854.

ANNÉES.	KILOMÈTRES		TOTAL.
	construits.	non construits.	
1854	9 k. 963 m.	» k. » m.	9 k. 963 m.
1855	15 694	» »	15 694
1856	15 694	» »	15 694
1857	20 234	» »	20 234
1858	20 234	» »	20 234
1859	24 660	1 292	25 952
1860	31 257	» »	31 257
1861	35 650	» »	36 650
1862	46 280	4 000	50 280
1863	48 280	4 000	52 280
1864	60 936	4 629	65 565
1865	64 976	5 334	70 310
1866	69 910	5 900	75 810

Voici du reste l'état nominatif de ces chemins :

CHEMINS VICINAUX D'INTÉRÊT COMMUN.

NOMS.	NUMÉROS.	LONGUEUR sur l'arrondissement.	
De Bruille à Maulde	15	9 k.	663 m.
De Douchy à Noyelle.	34	2	887
D'Etreux à Saultain.	59	2	275
De Valenciennes à Orsinval.	60	6	699
D'Haveluy à Wallers.	61	2	392
De Marcq à Marquette.	66	0	710
De Wavrechain à Denain	68	1	365
D'Avesnes-le-Sec à Lieu-St-Amand	74	5	266
D'Haspres à Solesmes.	85	0	910
De Maing à Famars et Valenciennes	98	2	651
D'Hasnon à Raismes.	99	5	950
D'Artres à la route départem. nº 10	100	2	699
De St-Aybert à la route départ. nº 8	101	2	011
D'Artres à Ruesnes.	112	1	000
De Condé à Bruille-St-Amand. . . .	102	6	367
De Millonfosse à Sars-et-Rosières	103	4	565
De Neuville à Noyelle-sur-Selle. . .	104	2	120
De Wallers à Hasnon	105	4	800
De Trith à Quérénaing.	116	8	172
TOTAL.	. . .	75	810

On dira peut-être que le progrès de la vicinalité est général en France et que la force des choses *seule* a amené les améliorations dont nous sommes ici témoins.

Nous convenons que de grands efforts sont faits, depuis quelques années, au profit des chemins ruraux et surtout de ce qu'on est convenu d'appeler la petite vicinalité ; mais il nous sera facile de démontrer que la Sucrerie a été, chez nous, le principal motif des améliorations.

Tout le monde sait ici, en effet, que si un chemin est déclaré d'intérêt commun, ou s'il est classé parmi les routes de grande communication, c'est le plus souvent sur l'initiative et les provocations d'un ou plusieurs industriels sucriers y ayant intérêt, il est vrai, et pour peu que l'on connaisse l'esprit qui agit sur les campagnards, on sait la répugnance qu'ils ont généralement pour l'ouverture ou l'amélioration des routes : cette répugnance est telle, en effet, qu'il a fallu presque toujours aux fabricants une obstination réelle pour la vaincre. C'est là un fait si bien connu qu'il n'est pas besoin d'insister.

L'opposition des campagnards peut pourtant paraître bien singulière, si on se reporte à l'application qui est faite de la loi du 14 mai 1836, d'après une jurisprudence constante du Conseil d'Etat.

Cette jurisprudence décide en ce qui est spécial aux fabricants de sucre, que les dégradations extraordinaires faites aux chemins vicinaux pour le transport des betteraves aux usines, donneront lieu à une subvention spéciale, mais que cette subvention sera à la charge du fabricant *destinataire* et non à celle du cultivateur qui transporte *sa propre récolte*, ou supportée par le fonds commun, ce qui serait plus rationel.

Ce n'est pas le lieu de s'élever contre cette jurisprudence : elle est immuable à ce qu'il paraît, il ne nous reste qu'à nous incliner ; mais nous avons voulu montrer combien la fabrication concourt aux réparations des dégradations qui sont faites, par elle et à cause d'elle, en donnant ici le tableau des subventious spéciales que cette industrie a payées dans notre arrondissement depuis dix ou onze ans.

Nous avons montré quelle était la consommation de la betterave comme matière première par les sucreries de l'arrondissement de Valenciennes, mais il est une autre matière qui leur est aussi indispensable et qui n'a pas peu contribué, en dehors des facilités que la fertilité de notre sol nous donnait, a agglomérer dans le rayon qui nous a occupé jusqu'ici, un aussi grand nombre d'établissements.

Nous voulons parler de la houille : elle joue en effet dans la

ÉTAT PAR ANNÉE

DES SUBVENTIONS INDUSTRIELLES PAYÉES DEPUIS 1854, PAR LES MINES, CARRIÈRES ET LES DIVERSES INDUSTRIES DE L'ARRONDISSEMENT DE VALENCIENNES.

ANNÉES.	CHEMINS VICINAUX DE GRANDE COMMUNICATION									TOTAUX par ANNÉE.	DONT pour les fabricants de Sucre.	RESTE pour les Mines et les autres Industries.
	N° 13	N° 24	N° 29	N° 31	N° 43	N° 45	N° 49	N° 50	N° 70			
1855	898 »	210 »	878 »	455 »	125 »	766 70	343 »	314 50	175 »	4.165 20	2.236 »	1.929 20
1856	1.701 »	703 »	1.575 »	3.176 »	1.485 »	5 758 »	1 482 »	2.706 »	654 »	19.242 »	5 786 »	13.456 »
1857	2.010 »	650 »	1.465 »	2.274 »	1.424 »	4 833 »	1 980 »	2.040 »	834 »	18.110 »	7.264 »	10.846 »
1858	1.385 »	418 »	(1)	»	1.300 »	4.497 »	1.801 »	2 245 »	2.083 »	14.326 »	5.895 »	8 431 »
1859	1.665 »	815 »	»	»	1.280 »	2.660 »	1.575 »	1.838 »	1.235 »	11.068 »	6.495 »	4.573 »
1860	1.663 »	670 »	»	»	1.096 »	2 681 »	1.674 »	1.940 »	2 354 »	12 078 »	5 560 »	6.518 »
1861	1.873 »	750 »	»	»	1.270 »	3.043 »	2.213 »	2.424 »	2 797 »	14 370 »	6.666 »	7.704 »
1862	2.000 »	860 »	»	»	1 545 »	3.068 »	1.865 »	2.383 »	2 877 »	14.598 »	6.939 »	7 659 »
1863	2.000 »	880 »	»	»	2.125 »	3 495 »	1.850 »	2 016 »	2 345 »	14 711 »	6 678 »	8.033 »
1864	2 025 »	938 »	»	»	2 339 »	3.226 »	1.800 »	2.379 »	2 318 »	15.025 »	6 830 »	8 195 »
1865	2.100 »	937 »	»	»	2.350 »	3.495 »	1 625 »	2.400 »	2.237 »	15.144 »	7 422 »	7.722 »
1866	2.741 »	939 »	»	»	2.357 »	3.472 »	1.774 »	2.500 »	3.195 »	16 978 »	9 450 »	7 528 »
Total par route.	22.001 »	8.769 »	3.918 »	5.905 »	18.096 »	40.988 70	19.982 »	25.789 50	23.704 »	169.815 20		
llent pour les fabric. de Sucre.	13.137 »	3.819 »			-	7.234 »	15.152 »	6.470 »	14.315 »	17.064 »		77.221 »	92.594 20

(1) Depuis 1857, les routes nos 20 et 31 ont été classées au rang des routes départementales et n'ont par conséquent plus droit à des subventions.

[illegible]

[illegible]

[illegible]			
[illegible]	[illegible]	[illegible]	[illegible]
[illegible]	[illegible]	[illegible]	[illegible]
[illegible]	[illegible]	[illegible]	[illegible]
[illegible]	[illegible]	[illegible]	[illegible]
[illegible]	[illegible]	[illegible]	[illegible]
[illegible]	[illegible]	[illegible]	[illegible]
[illegible]	[illegible]	[illegible]	[illegible]
[illegible]	[illegible]	[illegible]	[illegible]
[illegible]	[illegible]	[illegible]	[illegible]
[illegible]	[illegible]	[illegible]	[illegible]
[illegible]	[illegible]	[illegible]	[illegible]

[illegible]

[illegible]

fabrication du sucre un rôle assez important pour être ici mentionnée.

Il nous sera facile de nous rendre un compte à peu près exact de la quantité de charbon consommée annuellement par les fabriques de sucre de notre arrondissement. On compte effectivement que la consommation moyenne de houille par sac de sucre est bon an mal an de trois quintaux et demi environ, production du gaz et révivification du noir comprises. Ce serait donc pour chacune des deux dernières campagnes une consommation de près de 1,300,000 quintaux ou quelque chose comme le douzième de la production houillère annuelle de l'arrondissement de Valenciennes.

M. Pesier, dans son travail de 1855, nous donnait la production du *bassin houiller de Valenciennes* comme ayant été en 1854 de 14,319,814 quintaux métriques ; nous sommes assez heureux pour pouvoir donner ici, ce qui n'y sera pas déplacé, nous l'espérons, les chiffres de la production houillère de *l'arrondissement de Valenciennes*, et on verra qu'en 1866 cette production, quoique réduite, non à celle du bassin, mais à celle de l'arrondissement, dépasse de plus de deux millions de quintaux métriques les chiffres de 1854.

PRODUCTION HOUILLÈRE DE L'ARRONDISSEMENT DE VALENCIENNES (1) (QUINTAUX MÉTRIQUES).

CONCESSIONS DE :	1855	1856	1857	1858	1859	1860	1861
Fresnes	873.307	696.121	817.167	731.159	669.460	649.474	670.154
Vieux-Condé	1.622.866	1.385.368	1.462.004	1.467.819	1.638.828	1.506.945	1.582.655
Raismes	1.620.444	1.645.975	1.580.814	1.665.798	1.436.332	1.408.808	1.309.571
Anzin	4.004.245	4.374.734	4.236.331	4.765.660	4.960.845	5.068.194	4.614.157
Denain	1.141.418	1.092.170	887.168	634.006	431.868	690.116	845.518
Saint-Saulve	»	»	»	»	»	-40.613	130.508
Odomez	438.157	104.600	»	»	»	»	»
Douchy	1.809.785	1.778.938	1.669.197	1.729.645	1.462.729	1.552.433	1.394.584
Escaupont	373.415	319.661	467.532	486.140	428.936	407.430	437.766
Vicoigne	1.466.756	1.152.485	1.125.696	1.144.102	954.259	1.028.229	1.056.615
Totaux	13.050.090	12.547.052	12.245.903	12.624.329	11.783.257	12.024.936	120.38.528

CONCESSIONS DE :	1862	1863	1864	1865	1866
Fresnes	578.261	635.569	659.542	605.599	908.519
Vieux-Condé	1.438.636	1.336.803	1.339.072	1.268.766	1.632.358
Raismes	1.519.875	1.740.372	1.850.995	1.952.321	1.797.263
Anzin	4.640.382	5.075.834	5.096.229	5.808.013	6.305.214
Denain	986.421	867.398	749.220	1.018.677	1.650.394
Saint-Saulve	269.443	208.147	223.143	504.946	748.955
Douchy	1.533.884	1.637.666	1.739.990	1.779.750	1.727.489
Escaupont	416.167	434.424	451.622	559.024	612.886
Vicoigne	1.017.641	1.005.703	973.260	1.087.973	1.440.153
Totaux	12.408.710	12.941.916	13.083.043	14.585.096	16.522.928

(1) Les Concessions d'Azincourt, d'Aniche et de l'Escarpelle, situées dans l'arrondissement de Douai, ne figurent pas sur cet état.

A côté de la dépense du charbon il en est une autre qui n'a pas peu contribué à répandre dans le pays l'aisance et le bien-être dans les classes inférieures : c'est celle de la main-d'œuvre. On estime que les soixante-quatre fabriques de l'arrondissement de Valenciennes occupent en hiver et au plus fort de la morte saison, environ :

HOMMES. — 7,000 au salaire moyen de 3 francs pendant 120 jours, soit 2,520,000 francs.

FEMMES. — 2,750 au salaire moyen de 1 fr. 25 c., soit pour les 120 jours 412,500 francs.

ENFANTS. — Des deux sexes, 2,670 au salaire moyen de 1 franc, soit 320,400 francs.

Ce n'est pas tout, car on calcule que la culture de la betterave elle-même coûte, rien que pour les binages et la récolte, une main-d'œuvre de 85 francs par hectare. Or comme 9,000 hectares sont à l'heure qu'il est employés à cette culture, c'est une nouvelle somme de 765,000 francs à ajouter aux salaires d'hiver.

Voilà donc une industrie, qualifiée d'industrie de serre chaude à son apparition, qui produit, dans un seul arrondissement, à la classe ouvrière et en majeure partie en temps de chômage, une somme de salaires annuels de plus de *quatre millions de francs* (1).

Dès le début de ce travail nous avons prétendu qu'autour de

(1) En 1845 une statistique générale de l'industrie a été faite par ordre du gouvernement. Voici un extrait de cette statistique en ce qu'elle a rapport aux distilleries et aux fabriques de sucre de l'arrondissement de Valenciennes.

DISTILLERIES. — Nombre d'établissements   19
    Nombre d'ouvriers.....   80
    Salaires moyens... ...   1 fr. 69 c.
    Valeur totale des matières premières   352.191 fr.
    »   »   des produits........   737.434 fr.

Trois de ces distilleries sont mues par des machines à vapeur d'une force totale de 20 chevaux.

Ces dix-neuf établissements mettent en œuvre 10,999 hectolitres la Sucrerie gravitaient un grand nombre d'autres industries qui en étaient pour ainsi dire tributaires. Nous avons fait la nomenclature de ces industries; mais pour donner une idée plus nette de l'importance du pays sous ce rapport, nous puiserons dans le dernier dénombrement, des chiffres qui seront bien de nature à nous éclairer.

La population totale de l'arrondissement, avons-nous dit, est aujourd'hui de 174,220 individus.

Voici comment se décompose cette population dans ses principales divisions :

L'agriculture à elle seule est représentée par 55,825 individus ;

L'industrie proprement dite par 94,966 individus ;
Les mines et carrières par 27,304 individus ;
Les transports par 7,293 individus ;
La métallurgie par 4,992 individus.

Telles sont les principales catégories de notre population et on voit par elles l'importance qu'y occupe l'élément industriel, et nous ne saurions trop répéter que cet élément s'y est accru en raison directe du développement de la Sucrerie.

de seigle et d'orge et 3,633,016 kilogrammes de mélasse, desquels on obtient 9,663 hectolitres d'alcool pur.

Fabriques de sucre. — Nombre d'établissements 51 dans 30 communes.

<pre>
            Nombre d'ouvriers. . 4.505
            Salaires moyens..... 1 fr. 20 c.
        Valeur totale des matières premières 2.126.050 fr.
            »   »   des produits.. .....   6.702.257 fr.
Ces fabriques emploient 123.784.000 kilogr. de betteraves.
                        740.500   id. de noir animal.
            Et   55.950 hectolitres de houille.
Elles produisent   6.261 055 kilogr. de sucre.
            1.621.703 id.   de mélasse.
        Et 24.990 000 id.   de pulpe.
</pre>

L'ensemble des machines à vapeur représente une force de 846 chevaux.

Il n'en faudrait pas plus pour la recommander à la bienveillance de l'administration et à l'attention du pays; ajoutons cependant quelques lignes qui en donneront une idée plus nette encore.

S'il est vrai, comme le prétendait il y a peu de temps un orateur au Corps législatif, que la richesse d'un peuple se mesure à la somme d'impôts qu'il paie, celle de notre pays pourra paraître bien exagérée à ceux qui partagent une pareille manière de voir, et le tableau suivant leur permettrait de juger de son développement.

CONTRIBUTIONS DIRECTES COMPARÉES

DE 1855 ET DE 1866

Pour l'arrondissement de Valenciennes.

	1855	1866
Foncières	607.013 »	638.641 »
Personnelles et mobilières ..	138.024 »	161.914 »
Portes et fenêtres	128.544 »	154.071 »
Patentes	234.389 »	314.548 »
TOTAUX........	1.107.970 »	1.269.174 »

La contribution foncière était donc en 1855 de 10 fr. 38 c. par hectare; en 1866 elle est de 10 fr. 92 c. pour un territoire imposable de 58,470 hectares.

Cette même contribution n'est pour le département du Nord que de 8 fr. 12 c. par hectare.

Mais ce serait se méprendre que d'adopter un pareil point de départ pour juger de la prospérité d'un pays, et pour en revenir à l'industrie sucrière, nous aimons mieux préciser ce qui lui est spécial ; il suffira à la démonstration que nous avons entreprise.

En dehors, en effet, des 4 ou 5 millions de salaires dont nous avons parlé et résultant de la culture ou de l'emploi de la betterave, il y a :

La betterave elle-même à l'aide de laquelle 12 ou 13 millions de francs arrivent chaque année à l'agriculture du rayon.

30 ou 35 millions de kilogrammes de sucre qui représentent un roulement de fonds de 18 à 20 millions.

65 ou 70,000 hectolitres d'alcool dont la valeur présente est de 4 à 5 millions de francs.

Les droits payés au Trésor par ces deux produits et qui sont pour le premier, de plus de 15 millions par an, et pour le second de 6 millions et demi.

Les salins de potasse provenant de nos huit ou dix distilleries et qui à eux seuls valent bien près d'un million de francs.

Il y a les pulpes, les engrais et enfin toutes les industries annexes qui, ainsi qu'on l'a vu, fourmillent dans le pays et qui, à vingt-cinq ans de date, justifient si bien les paroles du Prince Napoléon, alors prisonnier à Ham, s'écriant du fond de sa captivité : « *Je regarde l'industrie du sucre indigène* » *comme une source féconde de prospérité pour la France* (1). »

Vu et approuvé par le Comité des fabricants de sucre des arrondissements de Valenciennes et d'Avesnes.

Le 20 avril 1867.

Le Secrétaire rapporteur,
J.-B. MARIAGE.

Le Président,
ABEL STIÉVENART.

Les Membres du Comité :

EDMOND BRABANT.
AUGUSTE CRÉPIN.
ADOLPHE DUTEMPLE.
EMILE LE ROY.
PAUL MOTTEZ.

(1) *Analyse de la Question des sucres* par le Prince Napoléon-Louis Bonaparte. — Préface, page XV.

APPENDICE

I.

Usines à vapeur de l'arrondissement de Valenciennes en 1854.

II.

Usines à vapeur dans le même arrondissement en 1860 et en 1866.

III.

Note sur la fabrication du sucre dans l'arrondissement d'Avesnes.

IV.

Liste des lauréats de l'arrondissement de Valenciennes dans les Concours généraux et régionaux d'animaux de boucherie.

V.

Liste des lauréats du même arrondissement dans les Concours généraux et régionaux d'animaux reproducteurs.

I

TABLEAU

DES APPAREILS A VAPEUR DE L'ARRONDISSEMENT DE VALENCIENNES.

(Divers genres d'Établissements desservis en 1851, 1852, 1853, 1854.)

GENRES D'ÉTABLISSEMENTS.	CHAUDIÈRES — CALORIFÈRES.				CHAUDIÈRES — MOTRICES.			
	1851	1852	1853	1854	1851	1852	1853	1854
Mines et carrières souterraines	»	»	»	»	136	139	163	167
Fabriques et raffineries de sucres	152	162	167	170	59	61	62	64
Sécheries de betteraves	1	1	1	1	4	4	4	4
Travail du fer (forges, hauts-fourneaux, fonderie, ateliers de construction)	»	»	»	»	87	89	100	103
Distilleries et brasseries	8	8	10	11	6	7	9	11
Moulins à blé	»	»	»	»	6	6	6	6
Fabriques de chicorée	»	»	»	»	4	4	4	4
— de produits chimiques	1	1	1	1	2	2	2	2
— d'huiles	»	»	»	»	3	3	3	3
— d'impression sur étoffes	2	2	2	2	3	3	3	3
Filatures, apprêts, teintureries	1	1	1	1	3	3	3	3
Fabriques de faïences	»	»	»	»	2	2	3	3
Scieries de bois	»	»	»	»	1	1	2	2
— de marbre	»	»	»	»	»	»	»	1
Fabriques de noir animal	»	»	»	»	»	1	1	1
— de couleurs	»	»	»	»	»	»	»	»
Corderies	»	»	»	»	1	1	1	1
Papeterie	»	»	»	»	»	»	»	1
Élévation d'eau, bains et fabriques de colle	1	1	1	2	1	1	1	1
TOTAUX	**166**	**176**	**183**	**188**	**318**	**327**	**367**	**380**

GENRES D'ÉTABLISSEMENTS.	MACHINES 1851 Nomb.	Force.	1852 Nomb.	Force.	1853 Nomb.	Force.	1854 Nomb.	Force.
Mines et carrières souterraines	73	2044	74	2060	80	2320	83	2453
Fabriques et raffineries de sucres	81	822	82	838	84	866	87	886
Sécheries de betteraves	4	17	4	17	4	17	4	17
Travail du fer (forges, hauts-fourneaux, fonderie, ateliers de construction)	50	1086	54	1094	57	1200	60	1262
Distilleries et brasseries	10	40	12	50	14	66	16	77
Moulins à blé	6	54	6	54	6	54	6	54
Fabriques de chicorée	4	17	4	17	4	17	4	17
— de produits chimiques	2	11	2	11	2	11	2	11
— d'huiles	3	36	3	36	3	36	3	36
— d'impression sur étoffes	3	6	3	6	3	6	3	6
Filatures, apprêts, teintureries	3	22	3	22	4	32	4	32
Fabriques de faïences	2	22	2	22	2	22	2	22
Scieries de bois	1	25	1	25	2	31	2	31
— de marbre	»	»	»	»	»	»	1	15
Fabriques de noir animal	1	6	2	[illegible]	2	9	2	9
— de couleurs	1	3	1	[illegible]	1	3	1	3
Corderies	1	6	1	6	1	6	1	6
Papeterie	»	»	»	»	»	»	2	20
Élévation d'eau, bains et fabriques de colle	1	1	1	1	1	1	1	1
TOTAUX	**246**	**4218**	**252**	**4271**	**270**	**4607**	**284**	**4664**

II

USINES DE L'ARRONDISSEMENT DE VALENCIENNES

MUES PAR LA VAPEUR.

GENRES D'ÉTABLISSEMENTS.	ANNÉE 1866				ANNÉE 1860			
	Nombre des Établissements.	Nombre des Chaudières.	Nombre des Machines.	Force des Machin. en Chevaux vapeur.	Établissements.	Chaudières.	Machines.	Force.
Sucreries avec ou sans distillerie et raffinerie	64	256	172	1.639	60	200	133	1.250
Raffinerie	1	5	3	37	»	»	»	»
Distilleries de Grains, de Mélasses ou de Betteraves	16	28	20	122	18	24	20	100
Brosseries	18	18	18	93	9	9	9	73
Fabriques d'Huiles	4	4	4	49	3	3	4	41
Fabriques de Chicorée	10	10	10	52	7	7	7	36
Moulins à Blé	15	15	13	105	9	9	9	81
Amidonneries	1	1	1	5	1	1	1	5
Fabrique de Glucose	1	1	1	5	»	2	»	12
Sécheries de Betteraves	2	2	2	12	7	135	58	1.680
Hauts-Fourneaux, Forges et Aciérie	7	155	83	1.924	1	2	3	27
Fonderies de Fer	14	14	14	69	»	»	»	»
Ateliers de construction de Chaudières et Machines	23	39	43	469	22	32	36	300
Fonderies de Cuivre	5	5	5	18	»	»	»	»
Usine à Plomb et Argent	1	3	2	12	1	3	1	6
Taillanderie	2	2	2	12	2	2	2	12
Boulonneries, Chaînes et Clous	10	14	13	157	6	8	8	27
Fabriques de Fers à cheval	2	2	2	10	»	»	»	»
Fabriques de Câbles pour mines	2	3	3	20	2	3	3	20
Scieries de Bois	8	8	8	93	7	7	7	73
Scierie de Marbre	1	1	1	15	»	»	»	»
Tanneries	3	4	4	49	3	3	3	41
Produits céramiques	1	1	1	6	»	»	»	»
Imprimerie	1	1	1	2	1	1	1	2
Impressions sur Étoffes	1	1	1	4	1	1	1	4
Fabriques d'Étoffe pilou	2	2	1	5	1	1	1	6
Teintureries	3	3	2	5	1	1	1	1
Filatures de Laine	2	2	2	20	1	1	1	10
Toileries de Lin	5	3	3	83	1	1	1	8
Fabriques de Noir animal	6	6	6	48	6	6	6	48
— de Faïence et Porcelaine	2	2	2	22	2	»	»	22
— de Ciment	1	1	1	8	»	»	»	»
— de Pipes	1	1	1	4	1	1	1	4
— de Produits chimiques	3	3	3	18	3	3	3	18
— de Graisses mécaniques	1	1	1	4	»	»	»	»
Verreries	3	3	3	20	»	»	»	»
Élévation de l'eau	6	7	7	36	1	1	1	1
Bains et Eaux thermales	2	2	1	1	1	1	»	»
Savonnerie	1	1	»	»	1	1	»	»
Distillerie de Goudrons	1	2	1	5	»	»	»	»
Divers	6	6	6	25	6	7	5	41
Quais de Chargement	4	14	14	35	»	»	»	»
Fabriques de Coke et agglomérés	4	30	30	304	55	143	60	2.720
Mines de Houille	65	169	86	8.000	»	»	»	»
Agriculture	6	6	6	40	3	5	5	28
Papeterie	»	»	»	»	1	2	2	20

III

NOTE

LA FABRICATION DU SUCRE

DANS

L'ARRONDISSEMENT D'AVESNES.

La fabrication du sucre de betterave dans l'arrondissement d'Avesnes, remonte à l'année 1834. Deux usines y furent alors fondées, l'une par M. Douay à Ghissignies, l'autre par MM. Deswattenne et Lefebvre à la ferme de Wult, commune de Villerspol.

En 1835, M. Giraud-Cuvelier, déjà fabricant près de Valenciennes, créait une sucrerie à Solre-le Chateau en compagnie de M. Sohier.

En 1836 était érigée la sucrerie de Wargnies-le-Grand qui fut exploitée par M. Dervaux-Lefebvre, un de ces hommes dont l'intelligente énergie produit des miracles, mais qui enlevé il y a quelques années et trop tôt à l'industrie sucrière, n'a pu continuer à donner aux intérêts généraux de celle-ci le dévouement et les soins que pendant si longtemps on l'avait vu lui prodiguer avec MM. Gou-

vion, Hamoir père, François Brabant, Fréville père, Blanquet, Deslinsel, Carlier-Mathieu, Le Roy, etc , etc.

Jusqu'en 1845, la Sucrerie, dans l'arrondissement d'Avesnes, se
tint dans une fabrication qui n'alla guère au délà de 600,000 kilos
annuellement.

En 1845, l'enquête générale faite par ordre du gouvernement sur
l'état de l'industrie, constate qu'il existait alors cinq fabriques de
sucre dans l'arrondissement, savoir :

A Wargnies-le-Grand (Dervaux).
　Villerspol (Deswattenne et Lefebvre).
　Solre-le Château (Giraud et Sohier).
　Ghissignies (Douay frères).
　Bavay (Taquet).

De ces cinq fabriques, celles de Wargnies, de Villerspol et de Ghissignies existent encore aujourd'hui, les autres ont disparu ; elles ont
été remplacées, dans le pays, par les fabriques de :

Berlaimont (Domengies).
Saint-Vaast-la-Vallée (Semal).
Maresches (Dassonville).
Frasnoy (Vanoye).
Eth (Des Angles).

L'enquête de 1845 constate de plus que les fabriques d'alors occu-
paient 488 ouvriers au salaire moyen de 1 fr. 25 c., dont 332 hommes,
117 femmes et 39 enfants.

Les matières premières de ces cinq fabriques, dit cette enquête,
avaient une valeur totale de 158,000 francs, et les produits s'élevaient à 362,586 francs.

Les mêmes établissements consommaient 8,424,500 kilos de betteraves avec lesquelles ils produisaient, dit toujours l'enquête,
512,034 kilos de sucre et 126,500 kilos de pulpe. La consommation
du noir était de 98,800 kilos.

En 1866, après une période de vingt ans, l'arrondissement d'Avesnes a vu ses usines s'élever au nombre de huit, dont une, celle de
Wargnies, a une importance considérable.

Elle est à même, en effet, de consommer 250,000 kilos de betteraves en vingt-quatre heures. C'est en même temps une raffinerie qu'au moment où nous écrivons on transforme pour lui permettre d'employer, annuellement, 4 à 5 millions de kilos de sucre brut.

La matière première en betteraves, employée par les huit fabriques dont nous venons de parler, vaut 1,800,000 francs environ, tandis que les produits en sucre, mélasse, pulpes, engrais, etc., s'élèvent à près de 3,500,000 francs.

Les sucreries de l'arrondissement d'Avesnes occupent en hiver 2,107 ouvriers dont :

1,184 hommes au salaire moyen de 3 francs,
  526 femmes au salaire moyen de 1 fr. 25 c. ;
Et 397 enfants au salaire moyen de 90 centimes.

Elles consomment 90 millions de kilos de betteraves et versent, par conséquent, entre les mains des agriculteurs près de 2 millions de francs. Elles produisent 4 millions 1/2 de kilos de sucre et environ 20 millions de kilos de pulpes.

En 1845, les fabriques de sucre de l'arrondissement d'Avesnes possédaient ensemble 16 générateurs et toutes les machines réunies de ces établissements ne représentaient que 58 chevaux de force.

En 1855, le même arrondissement a dans ses sucreries 23 générateurs d'une force totale de 710 chevaux et 14 machines d'une force de 153 chevaux.

Enfin, en 1866, les huit fabriques de l'arrondissement d'Avesnes ont ensemble 35 générateurs représentant une force de 1,215 chevaux, et le nombre de machines dans ces mêmes fabriques s'est élevé à 21 pour former 223 chevaux vapeur.

Il ne nous a été possible de nous renseigner sur les quantités de sucre produites par l'arrondissement d'Avesnes, que depuis l'année 1838, où il fut, comme on sait, établi un droit sur la Sucrerie indigène. Voici ces quantités :

Campagne 1838 — 1839 .... 693.641 kilos.
     —   1839 — 1840 .... 345.088

```
Campagne 1840 — 1841 ..............   610.871 kilos.
    —     1841 — 1842 ..............    76.364
    —     1842 — 1843 ..............   496.837
    —     1843 — 1844 ..............   433.769
    —     1844 — 1845 ..............   668.696
    —     1845 — 1846 ..............   724.826
    —     1846 — 1847 ..............   926.619
    —     1847 — 1848 ..............  1.036.697
    —     1848 — 1849 ..............   908.949
    —     1849 — 1850 ..............  1.366.945
    —     1850 — 1851 ..............  1.380.151
    —     1851 — 1852 ..............  1.433.889
    —     1852 — 1853 ..............  1.540 139
    —     1853 — 1854 ..............  1.329.109
```

Les renseignements qui ont été mis à notre disposition à partir de 1854-1855 étant plus complets, nous les consignons dans le tableau que l'on trouvera d'autre part. Ce tableau comprend, par année, le nombre de fabriques, les hectares cultivés, les betteraves mises en œuvre, le sucre produit et exporté ainsi que les mélasses provenant des sucreries de l'arrondissement d'Avesnes.

OPÉRATIONS

DES SUCRERIES DE L'ARRONDISSEMENT D'AVESNES, A PARTIR DE 1854-1855.

| CAMPAGNES. | NOMBRE de Fabriques mises en activité. | NOMBRE d'hectares cultivés en Betteraves en vue de chaque campagne. | QUANTITÉS de BETTERAVES mises en œuvre. | QUANTITÉS de SUCRE PRODUITES. | QUANTITÉS DE SUCRE expédiées depuis la mise en vigueur de la loi du 7 mai 1864. | | | QUANTITÉS de SUCRE EXPORTÉES. | QUANTITÉS de Mélasses expédiées des fabriques à destination des Distilleries. |
					AU DROIT de 42 fr. au-dessous du n° 13.	AU DROIT de 44 fr. de 13 à 20.	AU DROIT de 45 fr. au-dessus de 20.		
					»	»	»	»	537.349
1854 — 55	5	587	23.000.000	1.118.080	»	»	»	»	1.129.128
1855 — 56	*5	750	34.000.000	1.875.352	»	»	»	»	959.000
1856 — 57	6	963	53.000.000	1.742.092	»	»	»	»	1.231.000
1857 — 58	6	1.613	64.000.000	2.622.805	»	»	»	30.400	2.027.599
1858 — 59	7	1.284	50.000.000	2.725.829	»	»	»	108.100	2.135.484
1859 — 60	7	1.440	57.000.000	2.787.536	»	»	»	26.700	1.227.401
1860 — 61	7	1.600	36.000.000	1.871.251	»	»	»	160.900	1.220.977
1861 — 62	8	1.159	48.000.000	2.722.359	»	»	»	183.200	1.858.132
1862 — 63	8	1.602	67.000.000	3.234.634	»	»	»	204.069	1.506.105
1863 — 64	8	1.717	41.000.000	2.067.203	»	»	»	192.965	1.327.569
1864 — 65	8	2.211	45.000.000	2.380.006	1.853.700	474.600	»	932.018	1.752.436
1865 — 66	8	1.814	81.000.000	4.824.975	3.384.800	1.209.000	»	168.195	447.390
1866 — 67 '	8	2.300	90.000.000	4.250.000	2.105.200	1.858.000	31.300		

(1) Jusqu'au 1er mars, par approximation.

IV

LAURÉATS

DE

l'arrondissement de Valenciennes, dans les Concours généraux et régionaux

D'ANIMAUX-DE BOUCHERIE.

1849. — CONCOURS DE POISSY.

Races diverses.

Troisième prix. — M. Thomas, fabricant de sucre, à Crespin, pour un bœuf comtois de quatre ans et quatre mois.

1850. — CONCOURS DE LILLE.

Bœufs au-dessus de quatre ans.

Deuxième prix. — M. Gouvion-Deroy, fabricant de sucre, à Denain, pour un bœuf flamand.

Poids vif de ce bœuf 1,077 kil.

Rendement des quatre quartiers 64 kil. 40 0/0.

Troisième prix.— M. Thomas, J.-B., fabricant de sucre, à Crespin, pour un bœuf comtois.

Poids vif 932 kil.

Rendement des quatre quartiers 60 0/0.

1851. — CONCOURS DE LILLE.

Race flamande.

Deuxième prix. —— M. Gouvion-Deroy, pour un bœuf de six ans.
Poids vif, 1,005 kil.
Rendement, 62 kil. 487 0/0.

1851. — CONCOURS DE POISSY.

Race comtoise.

Quatrième prix. — M. Delannoy, fabricant de sucre, à Crespin, pour un bœuf de six ans.

(Pas de rendement.)

Prix de 1,000 francs à M. Delannoy pour une bande de sept bœufs comtois.

1852. — CONCOURS DE LILLE.

Premier prix. — M. Fréville, fabricant de sucre, à Onnaing, pour un bœuf durham-flamand de trente-six mois.
Poids vif, 871 kil.
Rendement, 61 kil. 194 0/0.

Deuxième prix. — M. Gouvion-Deroy, de Denain, pour un bœuf de la race du Hainaut.

(Sans poids ni rendement.)

1853: — CONCOURS DE LILLE.

Races diverses.

Premier prix. — M. D'Haussy, fabricant de sucre, à Artres, pour un bœuf de cinq ans.
Poids vif, 828 kil.

(Sans rendement.)

1854. — CONCOURS DE LILLE.

Jeunes bœufs.

Troisième prix. — M. LEDUC, François, fabricant de sucre, à Artres, pour un bœuf du Hainaut de quatorze mois.
(Sans poids ni rendement.)

Race flamande.

Troisième prix. — M. LEDUC, François, pour un bœuf du Hainaut.
Poids vif, 662 kil.
(Sans rendement.)

Races diverses.

Deuxième prix. — M. CHEVAL, fabricant de sucre, à Estreux, pour un bœuf lorrain de quatre ans.
(Sans poids ni rendement.)

Bande de bœufs.

Prix unique. — M. CHEVAL, d'Estreux, pour une bande de bœufs lorrains de quatre et cinq ans.

Prix suppl'mentaire de 300 francs. — M. DRONSART, fabricant de sucre, à Bouchain, pour une bande de bœufs.

1855. — CONCOURS DE LILLE.

Race comtoise.

Troisième prix. — M. CARPENTIER, cultivateur, à Marquette (près Bouchain), pour un bœuf comtois de quarante-huit mois.
(Sans poids ni rendement.)

Bœufs de races diverses.

Premier prix. — M. HAMOIR, Gustave, fabricant de sucre, à Saultain, pour un bœuf flamand de huit ans.

Bandes de bœufs.

Premier prix. — M. LEDUC, François, d'Artres, pour huit bœufs de six ans.

1856. — CONCOURS DE LILLE.

Race comtoise.

Premier prix. — M. VAILLANT-LABY, cultivateur, à Saint-Amand-les-Eaux.
Poids vif, 886 kil.
Rendement, 59 kil. 42 0/0.

Deuxième prix. — M. VAILLANT-LABY.

Bandes de bœufs.

Prix unique. — M. VAILLANT-LABY.

Races diverses.

Prix. — M. D'HAUSSY, fabricant de sucre, à Artres, pour un bœuf de trente mois.
Poids vif, 577 kil.
Rendement, 62 kil. 21 0/0.

1857. — CONCOURS DE LILLE.

Race comtoise.

Deuxième prix. — M. VAILLANT-LABY, de Saint-Amand, pour un bœuf de soixante mois.
(Sans poids ni rendement.)

Troisième prix. — M. D'HAUSSY, d'Artres, pour un bœuf de soixante mois.

Races diverses.

Premier prix. — M. GOUVION-DEROY, de Denain, pour un bœuf comtois de six ans.

Troisième prix. — M. GOUVION-DEROY, de Denain.

Bandes de bœufs.

Prix unique. — M. VAILLANT-LABY, de Saint-Amand.

CONCOURS INTERNATIONAL DE POISSY.

Premier prix. — M. VAILLANT-LABY, de Saint-Amand, pour un bœuf comtois de cinq ans.

Troisième prix. — M. VAILLANT-LABY.

1858. — CONCOURS DE LILLE.

Animaux de trois ans au plus.

Mention honorable. — M. Mariage-Lhotellerie, à Onnaing, pour un bœuf de vingt-sept mois.

Bœufs comtois,

Deuxième prix. — M. Vaillant-Laby, de Saint-Amand, pour un bœuf de cinq ans.

Races diverses.

Deuxième prix. — M. Maurice, fabricant de sucre à Valenciennes, pour un bœuf de cinq ans.

Troisième prix. — M. Vaillant-Laby, pour un bœuf de six ans.

Bandes des bœufs.

Médaille de bronze. — M. Gustave Hamoir, de Saultain, pour cinq bœufs de la race du Glan.

Moutons à laine longue.

Médaille de bronze. — M. Courtin, cultivateur, à Lourches.

1859. — CONCOURS DE LILLE.

Jeunes bœufs.

Deuxième prix. — M. Quarez, cultivateur, à Valenciennes, pour un bœuf du Hainaut de trente-quatre mois.

Troisième prix. — M. Gouvion-Deroy, de Denain, pour un bœuf flamand.

Bœufs comtois.

Mention honorable. — M. Plichon, à Onnaing, pour un bœuf de cinq ans et demi.

Races diverses.

Premier prix. — M. Deleporte, à Valenciennes, pour un bœuf du Hainaut de quatre ans.

Troisième prix. — M. Vaillant-Laby, de Saint-Amand, pour un bœuf du Hainaut de six ans.

Mention honorable. — M. François Leduc, d'Artres, pour un bœuf de cinq ans.

Vaches.

Septième prix. — M. Davainne-Nicolle, de Saint-Amand, pour une vache de cinq ans.

Mention honorable. — M. Crépin-Deslinsel, de Denain.

Bandes de bœufs.

Deuxième prix. — M. Leduc, d'Artres, pour quatre bœufs comtois.

1860. — CONCOURS DE LILLE.

Race comtoise.

Mention honorable — M. Vaillant-Laby, de Saint-Amand.

Races diverses.

Premier prix. — M. F. Brabant, fabricant de sucre, à Onnaing, pour un bœuf du Hainaut de cinq ans.

Première mention. — M. Quarez, à Valenciennes, pour un bœuf du Hainaut de quarante-neuf mois.

Deuxième mention. — M. Gustave Hamoir, de Saultain, pour un bœuf du Hainaut de dix mois.

Bandes de bœufs.

Premier prix. — M. Leduc, d'Artres, pour bœufs flamands de cinq ans.

Mention honorable. — M. Vaillant-Laby, de Saint-Amand.

Jeunes moutons.

Deuxième prix. — M. Décaudain, à la sucrerie de Marly, pour un lot de race anglo-artésienne.

Races à laine longue.

Premier prix. — M. Décaudain, à Marly (Nord).

CONCOURS DE POISSY.

Jeunes moutons.

Quatrième prix. — MM. Duquesne et Cie, fabricants de sucre, à Valenciennes, pour un lot de race anglo-mérinos.

73

Grosses races.

Premier prix. — MM. DUQUESNE et Cie, pour un lot de race anglo-artésienne.

————

1861. — *Pas de concours à Lille.*

————

CONCOURS DE POISSY.

Jeunes moutons.

Cinquième prix. — M. DÉCAUDAIN, à Marly-lez-Valenciennes, pour un lot de race dishley-mérinos de 11 à 12 mois.

Races métis-mérinos.

Premier prix. — M. DÉCAUDAIN, à Marly.

Grosses races à laine longue.

Premier prix. — M. DÉCAUDAIN, à Marly.

————

1862 (1). — CONCOURS A AMIENS.

Jeunes bœufs.

Deuxième prix. — M. DELEPORTE, à Valenciennes, pour un bœuf de quarante-trois mois et demi.

Races comtoises.

Premier prix. — M. DEVRIES, à Valenciennes.
Deuxième prix. — M. WARLOPPE-MUSTELIER, à Valenciennes.
Deuxième mention. — M. DEVRIES, à Valenciennes.

Races diverses.

Premier prix. — M. François LEDUC, d'Artres.

Bandes de bœufs.

Prix unique. — M. PLICHON, à Onnaing.

————

(1) A partir de 1862 nous prenons les renseignements relatifs aux concours, dans la *Revue* publiée par la Société d'agriculture de Valenciennes, les comptes-rendus du ministère n'étant pas parus.

74

Jeunes moutons.

Troisième prix. — M. Décaudain, de Marly, pour des moutons de quatorze mois.

Moutons d'âge.

Mention honorable. — M. Deleporte, à Valenciennes.

1863. — CONCOURS RÉGIONAL DE SAINT-QUENTIN (1).

Jeunes bœufs.

Premier prix. — M. Jean-Baptiste Boute, à Saint-Saulve.
Deuxième prix. — M. Deleporte, à Valenciennes.
Troisième prix. — M. Mélice, à Anzin.

Bœufs de quatre ans.

Deuxième prix. — M. Deleporte, à Valenciennes.

Races comtoises.

Premier prix. — M. Plichon, à Onnaing.
Deuxième prix. — M. Camille Davainne, à Saint-Amand.
Troisième prix. — M. François Leduc, à Artres.

Bande de bœufs.

Prix unique. — M. Leduc, précité.
Prix de la ville. — M. Davainne.

Veaux.

Deuxième prix. — M. Lejeune, à Rumegies.

1864. — CONCOURS DE LILLE.

Jeunes bœufs.

Premier prix. — M. François Leduc, à Artres.

Bœufs de quatre ans.

Deuxième prix. — M. Deleporte, à Valenciennes.
Troisième prix. — M. Charles Leduc, à Artres.

---

(1) Au concours de Saint-Quentin, sur les dix-sept prix à décerner aux bœufs, quinze ont été obtenus par des éleveurs du département du Nord, dont dix par ceux de l'arrondissement de Valenciennes.

75

Races comtoises.

Troisième prix. — M. PLICHON, à Onnaing.
Mention honorable. — M. WARLOPPE-MUSTELIER, à Valenciennes.

Races diverses.

Premier prix. — M. DELEPORTE, à Valenciennes.
Mention honorable. — M. Jules GOUVION, à Denain.

Bandes de bœufs.

Deuxième prix. — M. DAVAINNE-NICOLLE, de Saint-Amand.

CONCOURS DE NANCY.

Bœufs de trois ans au plus.

Troisième prix. — M. DELEPORTE, à Valenciennes.

Bœufs de quatre ans au plus.

Premier prix. — M. DELEPORTE, à Valenciennes.
Deuxième prix. — M. MARIAGE-LHOTELLERIE, à Onnaing.

Races françaises pures.

Troisième prix. — M. MARIAGE-LHOTELLERIE, à Onnaing.

Races étrangères pures.

Premier prix. — M. DELEPORTE, à Valenciennes.

1865. — CONCOURS D'AMIENS.

Bœufs de trois ans au plus.

Deuxième prix. — M. PLICHON, à Onnaing.
Mention honorable. — M. Charles QUAREZ, de Valenciennes, et
M. Edouard HAMOIR, de Valenciennes.

Animaux de trois ans au plus.

Troisième prix. — M. DELEPORTE, à Valenciennes.

Races comtoises.

Premier prix. — M. LEDUC-CARLIER, d'Artres.
Mention honorable. — M. CARPENTIER, de Valenciennes, et M. MA-
RIAGE-LHOTELLERIE, d'Onnaing.

Races diverses.

Premier prix. — M. GIRAUD-CUVELIER, de Marly.
Deuxième prix. — M. DELEPORTE, à Valenciennes.
Troisième prix. — M. LEDUC-CARLIER, d'Artres.
Mention honorable. — M. SAUVAGE, de Valenciennes, et M. LE-
DUC-CARLIER, d'Artres.

Bandes de bœufs.

Deuxième prix. — M. VAILLANT-LESNE, de Raismes.

Veaux.

Premier prix. — M. André FLAMME, de Saint-Amand.

Moutons à laine longue.

Mention honorable. — M. BOUCHARD, de Lecelles.

CONCOURS DE NANCY.

Bœufs de races diverses.

Deuxième prix. — M. DELEPORTE, à Valenciennes.
Troisième prix. — M. Edouard HAMOIR, de Valenciennes.

Bœufs de quatre ans.

Deuxième prix. — M. MARIAGE-LHOTELLERIE, d'Onnaing.

Races françaises pures.

Troisième prix. — M. DELEPORTE, de Valenciennes.

1866. — CONCOURS DE SAINT-QUENTIN.

Bœufs jeunes.

Mention honorable. — M. Edouard HAMOIR, à Saint-Saulve.

Bœufs de quatre ans.

Premier prix. — M. D'HAUSSY, à Artres.
Mention honorable. — M. WARLOPPE-MUSTELIER, à Valenciennes.

Races comtoises.

Premier prix. — M. LEDUC-CARLIER, à Artres,

Premier prix de la ville de Saint-Quentin. — M. Pierre-Joseph PLICHON, à Onnaing.

Deuxième prix de la ville de Saint-Quentin, — M. D'HAUSSY, à Artres.

Races diverses.

Troisième prix. — M. GIRAUD-CUVELIER, à Marly.

Veaux.

Deuxième prix. — M. André FLAMME, de Saint-Amand.

1867. — CONCOURS DE LILLE.

Bœufs.

Première classe.

Bœufs jeunes, comprenant les animaux de trois à quatre ans au plus, quelle que soit leur race.

Première catégorie. — Animaux nés depuis le 1er avril 1864. Deuxième mention honorable, M. MOYAUX, à Aulnoy.

Deuxième catégorie. — Animaux nés depuis le 1er avril 1863. Troisième mention honorable, M. GIRAUD-CUVELIER, à Marly.

Deuxième classe.

Bœufs répartis suivant leur race en différentes catégories, sans distinction d'âge.

Deuxième catégorie. — Race comtoise pure et ses analogues. — Premier prix, médaille d'or et 400 fr., M. Pierre PLICHON, à Onnaing. — Deuxième médaille d'argent et 300 fr., M. LEDUC-CARLIER, à Artres. — Troisième médaille de bronze et 200 fr., M. Aimé PLICHON, à Onnaing.

Première mention honorable, M. MACAREZ, à Denain. — Deuxième mention honorable, M. LEDUC-CARLIER, à Artres.

Troisième catégorie. — Toute race ou sous-race française ou étrangère. — Troisième médaille de bronze et 200 fr., à M. GIRAUD-CUVELIER, à Marly. — Deuxième mention honorable, M. PLICHON, à Onnaing.

Bandes de bœufs.

Deuxième prix, médaille d'argent et 400 fr., M. D'HAUSSY, à Artres.

[illegible]

V

LAURÉATS

DE

l'arrondissement de Valenciennes, dans les Concours généraux et régionaux

D'ANIMAUX REPRODUCTEURS.

Les concours régionaux ne datent réellement que de 1853 puisque c'est en cette année seulement que *pour la première fois*, dans les huit régions entre lesquelles la France agricole est divisée, ont eu lieu des concours d'animaux reproducteurs. En 1850, Versailles seul avait ce privilége.

En 1851, on y joignit Saint-Lo, Aurillac et Toulouse ;
En 1852, ce fut encore Versailles, Saint-Lo et Toulouse, puis Nancy, Amiens, Angers, Limoges et Nevers ;
Enfin, en 1853, l'institution était complète et comme nous le disons plus haut, les huit régions avaient leur concours de reproducteurs et d'instruments. Le concours pour la région du Nord se tint à Saint-Quentin. Les reproducteurs mâles, étaient alors seuls admis.

C'est à ce moment que nos concitoyens entrent en lice et la nomenclature débute par :

1853. — *Races étrangères.*

Quatrième prix. — M. Crépin-Deslinsel, de Denain, pour un taureau hollandais de quatre ans.

Produits agricoles.

Médaille d'argent à M. GOUVION-DEROY, fabricant de sucre, à Denain, pour sept échantillons de produits.

Médaille d'argent à M. Schneider, à Marly-lez-Valenciennes, pour sa collection de soixante-quinze variétés de pommes de terre.

1854. — Les concours de 1854 contiennent une innovation, les femelles sont désormais admises.

CONCOURS DE BEAUVAIS.

M. GOUVION-DEROY, de Denain, fait partie du jury pour les animaux reproducteurs.

Produits agricoles.

Rappel de médaille d'argent à M. SCHNEIDER, de Marly, pour sa belle collection de pommes de terre.

1855. — CONCOURS RÉGIONAL D'ARRAS.

M. GOUVION-DEROY fait partie du jury des animaux. Pas d'exposants du pays.

1856. — CONCOURS RÉGIONAL DE VALENCIENNES.

M. HUART, vétérinaire, à Valenciennes, fait partie du jury.

Races françaises. — Femelles.

Premier prix. — M. DESLINSEL, Aimé, fabricant de sucre, à Wavrechain-sous-Denain, pour une vache de race croisée comtoise, âgée de trente-six mois.

Races étrangères pures ou croisées. — Mâles.

Troisième prix. — M. HORNEZ, P.-J., cultivateur, à Onnaing, pour un taureau hollandais de vingt-trois mois.

Femelles.

Premier prix. — M. DESLINSEL, Adolphe, fabricant de sucre, à Denain, pour une vache de race belge, âgée de sept ans.

Quatrième prix. — M. BOUTÉ, J.-B., de Saint-Saulve.

Volailles.

Deuxième prix. — M. Camille VERDAVAINNE, à Valenciennes.

Quatrième prix. — M. GAUDEAU, à Valenciennes, pour un coq et deux poules Poutra-Brahma.

Cinquième prix. — M. Ed. HAMOIR, à Valenciennes, pour volailles cochinchinoises.

Instruments aratoires.

Médaille d'or. — M. HAMOIR, Gustave, fabricant de sucre, à Saultain, pour une belle collection d'instruments aratoires.

Médaille de bronze. — M. D'HAUSSY, d'Artres, pour sa houe à cheval à trois lignes.

Médaille de bronze. — M. GRÉBEL, de Denain, pour des roues en fer.

Médaille de bronze. — M. GRÉBEL, pour un rouleau articulé.

Produits agricoles.

Rappel de médaille. — M. SCHNEIDER, de Marly, pour sa collection de pommes de terre.

Médaille de bronze. — M. J.-B. BOUTE, de Saint-Saulve, pour beurre et fromage.

1856. — CONCOURS UNIVERSEL AGRICOLE DE PARIS.

Race hollandaise pure. — Femelles.

Deuxième prix. — M. DESLINSEL, Adolphe, fabricant de sucre, à Denain, pour une vache de sept ans.

1857. — CONCOURS RÉGIONAL DE MELUN.

M. GOUVION-DEROY fait partie du jury des instruments.

Races étrangères.

Haute mention honorable. — M. DESLINSEL, Adolphe, de Denain, pour un taureau hollandais de trente-six mois.

Femelles.

Mention honorable. — M. CRÉPIN-DESLINSEL, pour une vache de race hollandaise de quarante-huit mois.

1858. — CONCOURS RÉGIONAL DE VERSAILLES.

M. Gouvion-Deroy fait partie du jury.

Instruments aratoires.

Médaille de bronze. — M. Cuisez, à Valenciennes, pour une machine à battre.

1859. — CONCOURS RÉGIONAL DE SAINT-QUENTIN.

M. Gouvion-Deroy fait partie du jury des animaux de l'espèce bovine.

Vaches pleines ou à lait

Premier prix. — M. Adolphe Deslinsel, de Denain, pour une vache maroillaise de cinq ans.

Croisement Durham.

Premier prix. — M. Courtin, cultivateur, à Lourches, pour un taureau durham-hollandais, âgé de vingt-cinq mois.

Vaches nées avant le 1er mai 1856.

Premier prix. — M. Courtin, de Lourches, pour une vache durham-pays, âgée de six ans.

Troisième prix. — M. Adolphe Deslinsel, de Denain, pour une vache de même race, âgée de cinq ans.

Croisements divers. — Troisième section.

Premier prix. — M. Deslinsel, de Denain, pour une vache hollandaise croisée de six ans.

Troisième prix. — M. Crépin-Deslinsel, pour une vache de cinq ans.

Instruments agricoles.

Médaille de bronze. — M. Grebel, à Denain, pour un chemin de fer agricole.

1860. — CONCOURS GÉNÉRAL DE PARIS.

M. Gouvion-Deroy faisait partie du jury de la première section. (Races normandes, flamandes, charolaises, nivernaises et bressanes.)

Races hollandaises. — Vaches de plus de trois ans.

Mention honorable. — M. CRÉPIN-DESLINSEL, à Denain.

Croisement Durham. — Animaux de plus de deux ans

Troisième prix. — M. COURTIN, à Lourches.

Vaches de plus de trois ans.

Troisième prix. — M. COURTIN, à Lourches.

Génisses de un à deux ans.

Premier prix. — M. CRÉPIN-DESLINSEL, à Denain.

Vaches de plus de trois ans.

Première mention. — M. CRÉPIN-DESLINSEL, à Denain.

Les meilleures houes à cheval à céréales.

Deuxième prix. — M. HAMOIR, à Saultain.

Instruments divers.

Médaille de bronze. — M. HAMOIR, à Saultain.

Rateaux à cheval français.

Premier prix. — M. HAMOIR, à Saultain.

Produits.

Grande médaille d'or. — M. GOUVION-DEROY, à Denain, pour l'ensemble de ses produits.

Médaille de bronze. — MM. MARIAGE, CHERMISET, à Thiaut, pour alcool de maïs.

1860. — CONCOURS RÉGIONAL D'AMIENS.

M. GOUVION-DEROY fait partie du jury de l'espèce bovine.

Génisses de races pures.

Deuxième prix. — M. CRÉPIN-DESLINSEL, à Denain.

Vaches pleines ou à lait.

Deuxième prix. — M. CRÉPIN-DESLINSEL, à Denain.

Croisement durham. — Femelles. génisses.

Mention honorable. — M. COURTIN, de Lourches.

Vaches pleines ou à lait.

Premier prix. — M. Courtin, de Lourches.

Croisements divers. — Vaches pleines ou à lait.

Premier prix. — M. Courtin, de Lourches.

Instruments.

Mention honorable. — M. Hamoir, à Saultain, pour ses boîtes à moyeux.

Machines à battre fixes.

Prix. — MM. Spitz, frères, à Valenciennes.

Autres machines à battre.

Prix. — Médaille d'argent. — MM. Spitz, frères, à Valenciennes.

———

1861. — CONCOURS DE BEAUVAIS.

Pas d'exposants du pays.

1862. — CONCOURS RÉGIONAL D'ARRAS.

Races étrangères pures. — Animaux de un à deux ans.

Premier prix. — M. Moyaux, à Aulnoy, pour un taureau de race hollandaise de vingt-trois mois.

Instruments agricoles. — Charrues sous-sol.

Mention honorable. — M. Hamoir, à Saultain.

Rouleaux.

Premier prix. — M. Hamoir, à Saultain.

Houes à cheval.

Premier prix. — M. Hamoir, à Saultain.

Véhicules.

Deuxième prix. — M. Hamoir, à Saultain.

Produits agricoles.

Médaille d'argent. — M. Hamoir, à Saultain, pour sa collection.

Race chevaline.

Prix. — Médaille d'argent et prime de 400 francs. — M. REMY-DÉRUESNES, à Onnaing, pour un cheval entier.

1863. — CONCOURS RÉGIONAL DE LILLE.

Bonne tenue des fermes.

Récompense proposée pour des améliorations partielles déterminées.

Médailles d'or grand module. — MM. B. CHEVAL, cultivateur à Estreux (constructions rurales) ; HAMOIR, Gustave, cultivateur à Saultain (inventions et améliorations d'instruments agricoles).

Espèce bovine.

Deuxième prix (500 fr.). — M. MOYAUX-MONCHICOURT, Joseph, à Aulnoy, pour le taureau n° 237, de race hollandaise pure, noir et blanc, âgé de trente-quatre mois, né chez l'exposant.

Mention honorable. — M. MOYAUX-MONCHICOURT, Joseph, à Aulnoy, pour la génisse n° 319, de race durham-hollandaise, noire et blanche, âgée de vingt-deux mois, née chez l'exposant.

Animaux de basse-cour.

Mention honorable et 15 francs. — M. Ed. HAMOIR, à Saint-Saulve, pour le lot n° 645, coq et poules Hambourg.

Mention honorable et 15 francs. — M. Ed. HAMOIR, à Saint-Saulve, pour le lot n° 648, coq et poules d'Hergnies.

Instruments, machines et appareils agricoles.

Mention honorable. — M. G. HAMOIR, à Saultain, pour son harna, n° 354.

Premier prix (médaille d'argent). — M. G. HAMOIR, à Saultain, pour sa charrue sous-sol, n° 368.

Mention honorable. — M. G. HAMOIR, à Saultain, pour sa herse, n° 363.

Rappel de premier prix. — M. G. HAMOIR, à Saultain, pour son rouleau, n° 362.

Mention honorable. — M. G. HAMOIR, à Saultain, pour son extirpateur, n° 361.

Deuxième prix (médaille de bronze). — M. G. HAMOIR, à Saultain, pour son semoir, n° 364.

Rappel de médaille de bronze. — M. G. HAMOIR, à Saultain, pour sa houe à cheval, n° 365.

Rappel de médaille d'argent. — M. G. HAMOIR, à Saultain, pour son rateau à cheval, n° 366.

Deuxième prix (médaille de bronze). — M. BABONAUX, à Valenciennes, pour sa bascule, n° 21.

Médaille de bronze. — M. DANTEC, à Artres, pour le tréteau-isolant, n° 176.

Produits agricoles.

Rappel de médaille d'or. — M. G. HAMOIR, à Saultain, pour l'ensemble de son exposition, n°s 115 à 130.

Concours entre les produits étrangers et les produits français.

Médaille d'or. — M. B. CHEVAL, à Estreux, pour ses sucres et alcools, n°s 42 et 43.

Concours hippique. — Carrossiers. — Juments poulinières de quatre ans et au-dessus.

Deuxième prix (400 fr.), médaille d'argent. — M. HAMOIR, Édouard, propriétaire, à Saint-Saulve (Nord).

Quatrième prix (200 fr.). — M. HAMOIR, Édouard, propriétaire, à Saint-Saulve.

Sixième prix (100 fr.). — M. RÉMY-DERUESNES, à Onnaing.

Troisième médaille d'argent. — M. HAMOIR, Édouard, à Saint-Saulve.

1864. — CONCOURS DÉPARTEMENTAL A LILLE.

RÉCOMPENSE SPÉCIALE.

Services éminents rendus à l'agriculture.

Médaille d'or. — M. Jean-Baptiste D'HAUSSY, à Artres.

Concours de labourage. — Brabant double.

Prix unique, médaille d'argent et prime de 25 fr. — M. Henri PATRIX, de Saint-Amand, pour conduite intelligente de cet instrument.

Concours de drainage.

Troisième prix, prime de 25 fr. — M. BOUCHEZ, de Notre-Dame-au-Bois.

Instrument de nivellement spécial au drainage.

Médaille de vermeil. — M. BOUCHEZ, de Notre-Dame-au-Bois.

Céréales. — Froment le plus beau.

Médaille d'argent. — M. D'HAUSSY, à Artres.

Blés d'autres espèces ou variétés admises plus ou moins récemment dans les cultures.

Médaille d'or. — M. D'HAUSSY.

Avoines, espèces diverses.

Médaille d'argent. — M. D'HAUSSY.

Plantes fourragères. — Trèfle commun.

Médaille de bronze. — M. D'HAUSSY.

Produits de prairies naturelles.

Médaille d'argent (prix unique). — M. D'HAUSSY.

Plantes économiques et industrielles. — Betteraves à sucre.

Médaille d'argent. — M. D'HAUSSY.

Produits de l'industrie unie à l'agriculture. — Sucre indigène.

Médaille de vermeil. — M. D'HAUSSY.

Alcools.

Médaille d'argent. — M. D'HAUSSY.

1865. — CONCOURS DÉPARTEMENTAL D'ANIMAUX REPRODUCTEURS, A LILLE.

Chevaux de gros trait.

Troisième prix. — M. Édouard HAMOIR, de Saint-Saulve, pour une jument.

Race bovine.

Troisième prix. — M. Édouard HAMOIR, pour un taureau de deux ans.

Un deuxième prix à M. Édouard HAMOIR, pour une vache hollandaise.

Et enfin un deuxième prix à M. Édouard HAMOIR, pour une génisse.

TABLE DES MATIÈRES

	Pages.
De la culture de la betterave au point de vue économique..	6
Autorités sur lesquelles on s'appuie.	7
Production du sucre de betterave depuis 1835.	10
Consommation	11
Chaudières et machines à vapeur.	12
Etat de la fabrication en 1854.	13
Progrès tentés ou réalisés depuis : le triple effet.	15
» le procédé à l'alcool.	16
» la saturation.	17
» les pelleteurs.	18
» l'épierreur.	19
» la cuite en grains.	19
» la double carbonatation	19
» la râpe Joly.	19
» le sucrate de chaux.	19
» l'élévateur.	19
» le noir épurant	19
» la défécation trouble.	20
» les filtres-presses.	20
» l'appareil Savalle.	20
La question des sucres.	21
Cours mensuel des sucres à Valenciennes depuis 1854.	24
L'Entrepôt de Valenciennes, ses opérations.	25
Exportation du sucre brut.	26
Nuances produites depuis la loi de 1864.	27
Influence de la betterave sur la répartition des cultures.	28
» sur la production du blé	30
» sur la production de la viande.	32

	Pages.
Quantités de betteraves mises annuellement en œuvre ...	35
Leur provenance ...	35
Ce qu'elles représentent en foin normal ...	36
Nature et valeur des engrais qu'elles procurent ...	38
De la mélasse. — Quantités produites ...	40
De l'alcool de mélasse. — Quantités fabriquées ...	41
Des salins de betterave. id. ...	43
Leur composition ...	44
De l'alcool de grains. — Saccharification par les acides ...	46
Vinasses comme matières fertilisantes ...	47
Drèche comme nourriture des bestiaux ...	47
Cours mensuel des esprits 3/6 de 1852 à 1866 ...	49
Opérations de la Banque de France à Valenciennes ...	49
Vicinalité. — Routes impériales dans l'arrondissement ...	50
» Routes départementales ...	51
» Chemins de grande communication ...	51
» Chemins d'intérêt commun ...	52
Production et consommation de la houille ...	55
Salaires ...	57
Division de la population selon les professions ...	58
Contributions directes comparées de 1855 et de 1866 ...	59
Valeur des produits de la Sucrerie ...	60
Appendice.	

IMPRIMERIE DE LOUIS HENRY, MARCHÉ-AUX-POISSONS, 2, A VALENCIENNES.

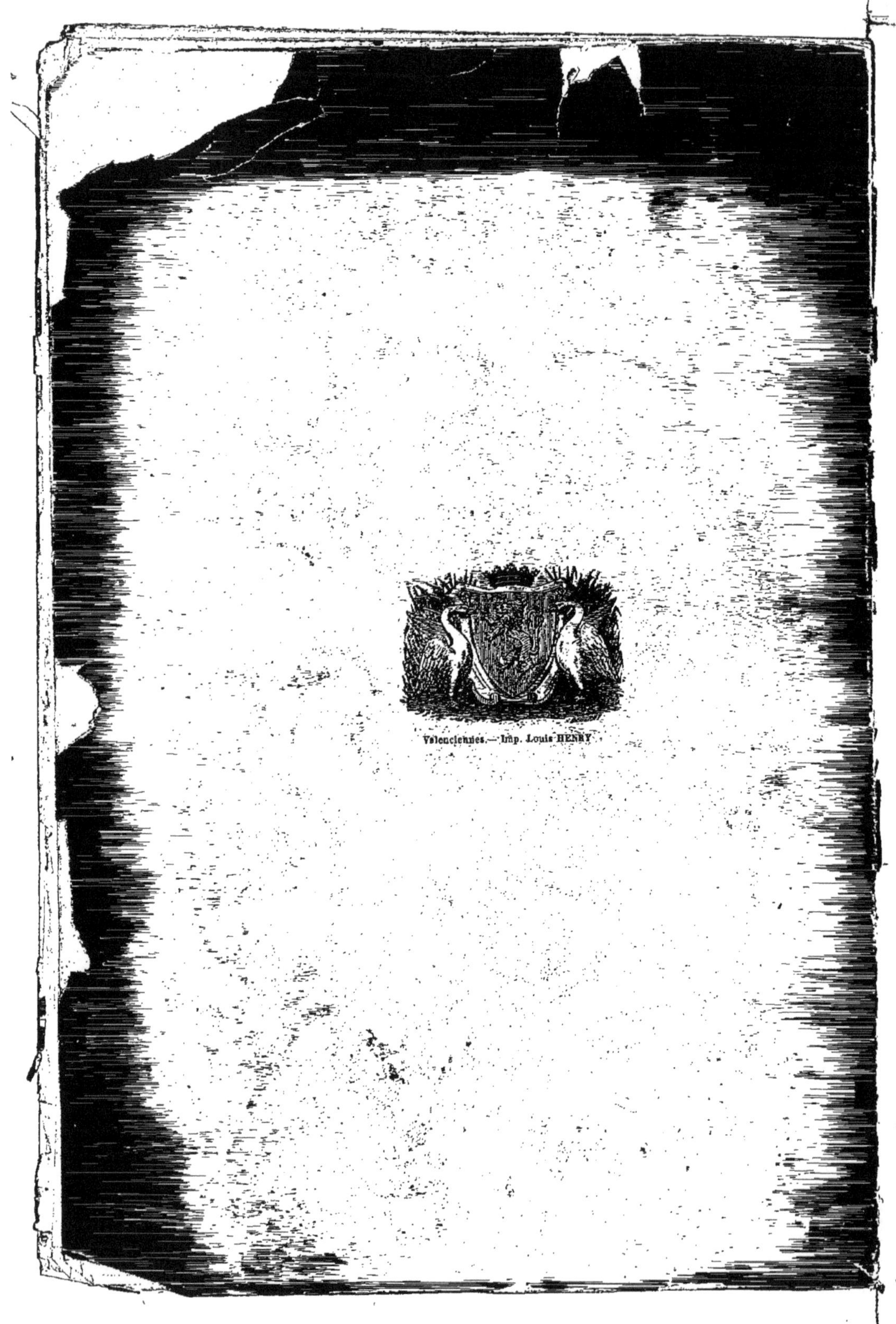

Valenciennes. — Imp. Louis HENRY.

www.ingramcontent.com/pod-product-compliance
Ingram Content Group UK Ltd.
Pitfield, Milton Keynes, MK11 3LW, UK
UKHW022057070726
13613UKWH00002B/838